权威专家推荐中学生必读知识大百科

···最新版···

ARTS
艺术

总策划/邢 涛　主 编/龚 勋

华夏出版社

权威专家推荐中学生必读知识大百科（最新版）

艺术

图书在版编目(CIP)数据

权威专家推荐中学生必读知识大百科：最新版．艺
术／龚勋主编．—北京：华夏出版社，2010.5
ISBN 978-7-5080-5510-7

Ⅰ.①权… Ⅱ.①龚… Ⅲ.①科学知识—青少年读物
②艺术—青少年读物 Ⅳ.① Z228.2 ② J-49

中国版本图书馆 CIP 数据核字(2009)第 196987 号

出品策划：

网　　址：http://www.xinhuabookstore.com

总 策 划　邢　涛
主　　编　龚　勋
文字统筹　贾宝花
编　　撰　刘冰远　樊　挺　孟惠恩　丛龙艳

责任编辑　马利荣　周晓杰
设计总监　韩欣宇
装帧设计　赵天飞
美术编辑　安　蓉　任　超　王俊峰
图片提供　IC 传媒　全景视觉
印　　制　张晓东

出版发行：华夏出版社
地址：北京市东直门外香河园北里 4 号
邮编：100028
总经销：四川新华文轩连锁股份有限公司
印刷：北京市松源印刷有限公司
开本：787×1092 1/16 印张：10 字数：170 千字
版次：2010 年 5 月第 1 版 印次：2010 年 5 月第 1 次印刷
书号：ISBN 978-7-5080-5510-7 定价：22.80 元

艺术

推荐序

　　学生阶段是一个人长知识、打基础的重要时期，这个时期会形成一个人的兴趣爱好，建立一个人的知识结构，一个人一生将从事什么样的事业，将会在哪一个领域取得多大的成功，往往取决于他在学生时代读了什么样的书，摄取了什么样的营养。身处21世纪这个知识爆炸的时代，面临全球化日益激烈的竞争，应该提供什么样的知识给我们的孩子们，是每一位家长、每一位老师最最关心的问题。学习只有成为非常愉快的事情，才能吸引孩子们的兴趣，使孩子们真正解放头脑，放飞心灵，自由地翱翔在知识的广阔天空！纵观我们的图书市场，多么需要一套能与发达国家的最新知识水平同步，能将国外最先进的教育成果汲取进来的知识性书籍！现在，摆在面前的这套《权威专家推荐中学生必读知识大百科（最新版）》系列令我们眼前一亮！全系列分为《宇宙》《地球》《生物》《科学》《历史》《艺术》《军事》《人体》八种，分别讲述与学生阶段的成长关系最为密切的八个门类的自然科学及人文科学知识。除了结构严谨、内容丰富之外，更为可贵的是这套书的编撰者在书中设置了"探索与思考"、"DIY实验室"、"智慧方舟"等启发智慧、助人成长的小栏目，引导学生以一种全新的方式接触知识，超越了传统意义上单方面灌输的陈旧习惯，让学生突破被动学习的消极角色，站在科学家、艺术家、军事家等多种角度，自己动手、动脑去得出自己的结论，获取自己最想了解的知识，真正成为学习的主人。这样学习到的知识，将会大大有利于我国学生培养创造力、开拓精神以及对知识发自内心的好奇与热爱，而这正是我们对学生的全部教育所要达到的最终目的！

《中国教育报》副总编辑

翟博

艺术

审订序

宇宙、地球、生物、科学、人体、艺术、历史、军事，这些既涉及自然科学，又包涵人文科学、社会科学的知识门类，是处在成长与发育阶段正在形成日渐清晰的世界观与人生观的广大学生们最好奇、最喜爱、最有兴趣探求与了解的内容。它们反映了自然界的复杂与生动，透射出人类社会的丰富与深邃。它们构成了人的一生所需的知识基础，养成了一个人终生依赖的思维习惯，以及从此难舍的兴趣取向。宇宙到底有多大？地球是独一无二的吗？自然界的生物是如何繁衍生息的？我们的身体有多奇妙？科学里有多少奥秘等待解答？我们人类社会跨过了哪些历史阶段才走到今天？伟大的军事家是如何打赢一场战争的？伟大的艺术是如何令我们心潮起伏、沉思感动的？……学生们无不迫切地希望了解这一个个问题背后的答案，他们渴望探知身边的社会与广阔的大自然。知识的作用就是通过适当的引导，使他们建立起终生的追求与探索的精神，让知识成为他们的智慧、勇气，培养起他们的爱心，磨炼出他们的意志，让他们永远生活在快乐与希望之中！这一套《权威专家推荐中学生必读知识大百科（最新版）》共分八册，在相关学科的专家、学者的指导下，融合了国际最新的知识教育理念，吸纳了世界最前沿的知识发展成果，以丰富而统一的体例，适合学生携带与阅读的形式专供学生学习之用，反映了目前为止国内外同类书籍的最先进水平。中国的学生们这一次站在了与世界各国同龄人同步的起跑线上。他们的头脑与心灵将接受一次全新的知识洗礼，相信这套诞生于21世纪之初，在充分消化吸收前人成果的基础上又有新的发展与创造的知识百科能让我们的学生由此进入新的天地！

美国加州大学伯克利分校博士
北京大学副教授
武瀚章

前言

　　艺术是培养人对美的感知能力的最有效的手段。人的生活时刻离不开美，只有提高审美素质，才能辨别美丑；才能发现美，塑造美的心灵；才能抵制各种消极、庸俗风气的污染。我国当前艺术入门图书比较缺乏，尤其是囊括众多艺术门类的、面对学生的、深入浅出的书更是凤毛麟角。基于这种情况，我们编了这部图文并茂的《艺术》，企望能通过这本书来达到艺术启蒙的目的。

　　这是一本具有现代风格、适合中学生阅读的百科通俗读物，它展示给读者的是丰富严谨的知识和赏心悦目的版式。文字上力求做到简明易解，并用精美的图片与文字相配合，使得阅读不再枯燥，理解也更为容易。

　　本书内容囊括的十种艺术门类：音乐、绘画、雕塑、建筑、舞蹈、戏剧、电影、书法、篆刻、摄影，对这十种艺术分别做了比较全面的诠释。形式上，我们借鉴国际流行版式，并独创了许多功能版块，每章分为若干节，每节主要讲述一个知识点，知识点下再细分出知识块。这些知识块或按时间顺序排列，或按类别排列，都具有一条内在的脉络，使得这本百科式的图书结构紧凑，增强了可读性与系统性。知识块下的副标题具有概括内容与强化记忆印象的功能，小资料、知识列表散布各章节中，除扩大知识面外，更增添了趣味性。

　　可以说，这是一部由内到外都充满着创新与新奇的书，丰富的图片、简洁的文字、系统的知识、赏心悦目的版式，都使它成为同类书中的佼佼者。

如何使用本书

　　这本书介绍了十大艺术种类的相关知识，以主题百科的形式编排，即每类艺术（如"音乐"）自成为一个篇章，再分出若干知识块（如"乐理知识"）为主题，主题下各有相关辅助标题文字（如"节奏"）进行详细阐述。本书独具的"小资料"与"知识列表"版块提供了许多正文以外的小知识。

书眉
双数页码的书眉标出书名；单数页码的书眉标示每一章的名称。

篇章名

主标题
本节主要知识内容的名称。

像艺术家一样思考
这部分文字概括地叙述了主标题所涉及的知识点，并提出思考问题引导阅读方向。

辅标题
与本节内容相关的知识点名称。

副标题
对辅标题最直观、精练的说明。

辅标题说明
对本节知识点的详细阐述。

小资料
本节内容的延伸知识，小巧而具有趣味性。

——戏剧——
古希腊与古罗马戏剧

像艺术家一样思考

古希腊戏剧是人类戏剧的童年时期，也是第一个繁荣期，为后世留下了众多的悲剧和喜剧作品。在古希腊，悲剧属于诗的范畴，因此剧作家被称做诗人。古希腊悲剧的鼎盛时期，曾经产生过很多悲剧诗人，但作品流传下来的只有"三大悲剧家"。由于阿里斯托芬和米南德等人的创作，古希腊喜剧也有不凡的成绩。古罗马戏剧继承了前辈的优良传统，戏剧创作也出也很繁荣，普劳图斯的创作是这一时期最大的成就。

想一想 为什么说古希腊戏剧是人类戏剧的童年时期？

埃斯库罗斯
古希腊"悲剧之父"
埃斯库罗斯是古希腊三大悲剧家之一。他开始创作时，希腊悲剧尚处于早期发展阶段，是他使悲剧具有了完备的形式。埃斯库罗斯非常注意形象塑造，他所创造的人物都是有坚强意志的雄伟高大的人物。他的诗句庄严、雄浑，带有夸张的色彩。语言优美，词汇丰富，比喻奇特，抒情气氛十分浓厚。这种风格是与他悲剧中严肃而激烈的斗争和英雄人物的强烈感情相适应的。

埃斯库罗斯雕像

《被缚的普罗米修斯》
埃斯库罗斯最著名的悲剧
普罗米修斯曾把天上的火种偷来送给人类，宙斯把普罗米修斯钉在悬崖上，强迫他说出关系到宙斯命运的秘密（即宙斯将被他的一个儿子推翻），普罗米修斯不为宙斯的威逼所屈，最后在暴风雨中坠入深渊。剧作通过坚持正义、反对专制神权的普罗米修斯的形象，歌颂了为正义事业而顽强斗争的崇高精神。

《阿伽门农》
古希腊最出色的悲剧之一
《阿伽门农》是埃斯库罗斯《俄瑞斯忒斯三部曲》中的第一部。阿伽门农出兵特洛伊时，曾经杀死自己的女儿祭神，他的妻子想为女儿复仇，串通情人在阿伽门农得胜时把他谋害了。第二部《奠酒人》写阿伽门农的儿子回国为父报仇，杀死他的母亲。第三部《报仇神》写阿伽门农的儿子在雅典法庭受审，雅典娜女神宣判他无罪。这个三部曲的主题是描写父权制对母权制的胜利。

迈锡尼特洛伊的被神阿伽门农献上了自己的女儿作为出征前的祭礼。

古希腊的露天剧场
古希腊的戏剧创作与演出特别繁荣，建造了许多可容纳一万观众的大型剧场。剧场利用山坡地势建造，呈半圆形，观众席逐排升高，从这些剧场的遗址，可以想见当时演剧的繁荣景象。

● **图文表格**
图文配合，介绍一个比较完整的知识点的分类或分期。

● **图名**
图片的名字。

● **图示**
说明图片各部分内容的文字，以一条线来指向图片中的某一部分。

戏剧 | 115

欧里庇得斯
"舞台上的哲学家"

古希腊三大悲剧家之一。欧里庇得斯约有三分之二的作品以妇女为主要人物，作者对她们进行了深刻的心理描绘。希腊悲剧到了欧里庇得斯手里，在形式上已十分完美，写实手法与心理描写是他对戏剧发展的最大贡献。欧里庇得斯的剧作标志着"英雄悲剧"的终结。他采用日常生活为题材，使悲剧接近现实。欧里庇得斯的风格比较华美，语言流畅，对话接近口语，十分自然。

《美狄亚》
最早表现妇女的悲剧

在欧里庇得斯的作品中，以妇女为题材的悲剧占了大多数，其中，《美狄亚》是最感人的一部。剧中的美狄亚是个异国女子，她曾背叛家庭，帮助伊阿宋取得金羊毛，同他一起前往希腊，在那里为伊阿宋报了杀父之仇，后来却被无情抛弃。美狄亚最后杀死她的情敌和自己的两个儿子，逃回了雅典。这部悲剧批判不合理的婚姻制度和不平等的男女地位，痛责男子的不道德和自私自利。美狄亚的遭遇是当时妇女的共同命运。

阿里斯托芬
"有强烈的倾向的诗人"

古希腊早期喜剧的代表作家。阿里斯托芬的喜剧尖锐、深刻、生动有力，剧中包含着许多滑稽、诙谐、讽刺、嘲弄以及狂欢粗野的成分，也包括幻想和抒情的成分。他的喜剧结构一般比较松散，人物性格不够深刻，但讽刺的语言特别锋利，抒情的词句也很优美动听。阿里斯托芬对欧洲各国戏剧的影响深远，历代许多戏剧家都推崇他的创作成就，特别是英国菲尔丁的作品，就是沿着阿里斯托芬的喜剧艺术传统来创作的。

美狄亚亲手杀害了自己的孩子时对丈夫进行报复。

《鸟》
第一部表现乌托邦思想的作品

《鸟》是阿里斯托芬最著名的喜剧之一。剧中描写了一个乌托邦式的"鸟国"，鸟国中没有贫富之分，没有剥削，劳动是那里生存的唯一条件。喜剧的主题表明诗人幻想建立理想的城邦。《鸟》是现存的唯一以神话为题材的喜剧，情节复杂，抒情味浓，结构谨严，是阿里斯托芬的一部杰出作品。

在阿里斯托芬的一部喜剧中，一名旦角正在为朋友夫妻会情人而高亭文化。

普劳图斯
古罗马最重要的喜剧作家

普劳图斯是古罗马时期的喜剧作家。他的喜剧继承了罗马民间戏剧的传统，在表演技巧方面吸收了不少意大利民间戏剧因素，生动活泼，充满了滑稽笑闹成分。普劳图斯的喜剧语言丰富多彩，有的很文雅，有的却很粗鲁，有的庄严，有的滑稽；各种方言、俚语、双关语都有。旁白和独白也是普劳图斯喜欢运用的一种表现手段。

● **图注**
简要地说明图片的背景。

● **图片**
图片的功能是帮助你形象地理解内容。

目录

音乐 1～31

耳朵里的形象世界。

绘画 32～67

利用线条、色彩、透视，在平面中创造立体世界。

雕塑 68～83

外表平静的雕像，蕴含着无限的激情和力量。

钢琴诞生不久，就受到作曲家和演奏家的喜爱，它几乎可以独立构成一个完整的音乐世界。关于乐器详见第6～9页。

米开朗琪罗集各种才艺于一身，他的绘画、雕塑、建筑都为西方文艺复兴时期留下了浓重的一笔。关于文艺复兴绘画详见34～47页。

当这幅《日出·印象》展出后，引起众多人的争论，画家莫奈也因此被称为印象派。这幅画打开了现代绘画的大门。关于现代绘画详见52～61页。

我们可以真实地感受到胜利女神凌空而下的一刹那，虽然雕像有所残缺，可它仍然是表现飞翔的艺术典范。关于古希腊雕塑详见70～73页。

别以为这是一艘船，它可是一座惊世骇俗的办公楼。在现代建筑师手里，想象丰富、造型各异、功能齐备的建筑层出不穷。关于现代建筑详见 104～107 页。

建筑 84～107
从建筑里，我们看到了历史各时期的精神。

轮舞是世界各地都存在的一种古老舞蹈，参加跳舞的人不太注重形式的美妙，他们更愿意把它当成表达欢乐情感的手段。关于民间舞蹈详见 112～113 页。

舞蹈 108～113
从穷人到贵族，舞蹈适合每一类人群。

戏剧 114～131
形形色色的人物、形形色色的冲突，都展现在一个舞台上。

依照神的指示，阿伽门农在出征前杀死了自己的女儿祭神，这一神话传说被埃斯库罗斯写在了他的悲剧里。关于古希腊戏剧详见 114～115 页。

电影 132～141
从无声到有声，从黑白到彩色，每一次突破都令人激动。

SHIRLEY TEMPLE
in
The Littlest Rebel

JOHN BOLES
JACK HOLT
KAREN MORLEY
BILL ROBINSON

电影演员秀兰·邓波是我们永远的小可爱，她那带酒窝的笑脸和金色卷发的洋娃娃形象在美国家喻户晓。关于电影艺术家详见 134～140 页。

其他艺术门类 142～149
包括了摄影及中国独有的艺术形式：书法、篆刻。

—音乐—
乐理知识

· 像艺术家一样思考 ·

音乐的内容充满情感与意志，和谐的乐音可以让人凭自己的生活经历联想到丰富的形象。这些乐音的组合形式复杂多样，但它的基本要素却很简单，许多音乐家合理地使用这些简单的要素，创作出了多姿多彩的音乐形象。

想一想 音乐是通过什么来表达感情的？

节奏
音乐无所不在的灵魂

音乐中交替出现的有规律的强弱、长短的现象，称为"节奏"。音乐犹如潺潺流水，是节奏把它们组织在一起，按着音乐的强弱、长短，使它们有序地进行着。节奏在音乐里是至关重要的，它与旋律、和声共同形成音乐的三大要素。

架子鼓
架子鼓在乐队中起着控制节奏的作用。

旋律
表达情感的主要手段

用节奏组织起来的一系列乐音，在高低方面呈现出有秩序的起伏呼应，就形成了旋律，也叫做曲调。在音乐作品中，旋律是表情达意的主要手段，也是一种反映人们内心感受的艺术语言，它在音乐的各种形态中是最重要的，被誉为音乐的灵魂。

和声
音乐感情的体现

和声是由两个或两个以上不同的音同时发声时产生的声音融合，它的单位是和弦。它通常根据各个和弦所代表的感情色彩而编写，在音乐作品中起着润色、烘托、渲染的作用，和声与和弦共同增强了旋律的表现能力。

速度
乐曲情绪的体现者

节拍进行的快慢程度，叫做"速度"。常人脉搏与心脏的跳动约每分钟72次至80次之间，其速度的感觉是中庸的行板（见第2页附表），与平常步行的速度接近。节拍单位里，音越多，则感觉速度越快；音越少，则感觉速度越慢。速度往往体现着整首乐曲的情绪基调。

乐队的指挥负有控制音乐节拍、节奏、速度等任务。

音阶
音乐的基本"笔画"

一系列高低不同的乐音，阶梯似的排列起来称为音阶，由低到高排列叫做上行，由高到低排列叫做下行。近代通行的音阶分为两大类别，一种为自然音阶，一种为半音阶。自然音阶又分为"大音阶"和"小音阶"，大音阶中第三、四音之间和第七、八音之间是半音程，其他音之间是全音程。

基本速度术语及说明

Grave	极缓板	严肃类的作品都用这种性格化的速度。
Largo	最缓板	风格宽阔宏厚，蕴含着徐缓、豪放、端庄的气质。
Larghetto	稍缓板	这是具有宽阔风格的慢，而有着近于行板的速度。
Adagio	慢板	风格柔和、温雅、优美，在徐缓之中，带有悠然的闲意。
Andante	行板	稍缓的速度而含有优雅的情绪，这是一种徐步而行的速度。
Andantino	小行板	许多作曲家把它解释成"比行板稍快"。
Moderato	中板	可以慢得有如行板，也可以快得有如快板，取决于作曲家的理解。
Vivace	稍快板	解释为"活泼起来"，完全是侧重风格方面的术语。
Allegretto	快板	不独表明速度，也说明风格是"快活生动"的。
Presto	急板	比任何速度都快，是一种急激的风格。

一系列由大到小的钟可以敲出由低到高的音，与现代国际通行的音阶相吻合。

编钟的音阶

战国初期的曾侯乙墓编钟距今有两千多年，整套编钟的音阶结构和现代国际通用的C大调七声音阶音列相同，其总音域达到五个八度，比现代钢琴仅两端各少一个八度。

五声音阶

中国音乐的传统音阶

中国民间音乐音阶表示法，又称"五音"，即宫（Do）、商（Re）、角（Mi）、徵（Sol）、羽（La）五个音级。早在周朝，我国就已有了七声音阶，即在徵前加变徵（#Fa），羽后加变宫（Si）。

五线谱

音乐中的"世界语"

用来记载音符的五条平行横线叫做五线谱。五线谱的五条线和由五条线所形成的间，都是自下而上计算的。为了标记过高或过低的音，在五线谱的上面或下面还要加上许多短线，这些短线叫做加线，由于加线而产生的间，叫做加间。五线谱具有直观、易识、能谱记复杂的音乐等诸多优点，被国际上广泛采用，也因此被称为音乐中的"世界语"。

音符的写法

音符包括三个组成部分：符头（空心的或实心的椭圆形标记）、符干和符尾。符头可以记在五线谱的线上与间内，线与间由下面数起为第一线、第一间直到第四间、第五线。用符干记谱，符头在第三线以上时，符干朝下，写在符头的左边；符头在第三线以下时，符干朝上，写在符头的右边；符头在第三线上，符干朝上朝下都可以，根据邻近的符干方向而定。符尾永远写在符干的右边并弯向符头。许多音符组成一组时，用共同的符尾（符杠）相连。

连音符

符尾
符尾总是弯向符头。

符头
符头有空符头与实符头的分别。

五线谱

Do-mi-nus De-us Sa - ba-oth

歌词

第五线
第四间
第四线
第三间
第三线
第二间
第二线
第一间
第一线

sis.

符杠
几个相邻符干共同的符尾。

符干
符头处于第三线时，符干向上向下都可以，视相邻音符而定。

曲种

在音乐这个艺术门类里，由于艺术实践的条件不同，形成了众多纷繁的体裁和样式，经过各时期音乐家借鉴其他体裁的精华，再加以非凡的创造，才使得某一曲种不断地完善出新。

想一想 不同的曲种之间是如何互相影响与借鉴的?

油画《音乐》局部

组曲

最古老的器乐套曲形式

组曲是由几个独立性的乐章依据一定的艺术构思排列、组合而成的器乐套曲，是最古老的器乐套曲形式。在17、18世纪，组曲是最重要的器乐曲形式之一，随后地位逐渐被后起的奏鸣曲、交响曲和协奏曲所取代。19世纪，组曲形式重又出现，并被作曲家们赋予新的内涵，成为现代组曲，无论形式和内容都比早期组曲丰富得多。

交响曲

体现作曲家的宏大构思与精湛技巧

交响曲是一种充分发挥各种乐器的功能和表现力来塑造音乐形象、体现作曲家内心情感和思想理念的大型器乐套曲形式，由交响乐队演奏。它有着丰富的表现力，极富气势。在音乐创作上，它是作曲家们写作技巧高度发展的体现和产物，在发挥器乐表现力的广度和深度上也达到了顶峰。

安魂曲

安抚死者的灵魂

安魂曲又称追思曲，是哀悼死者的音乐，后来也指形式与内容不一定是追思死者的"安魂曲"。早期安魂曲以传统的素歌（一种西方教会的祈祷歌曲）为素材，后来逐渐发展到有独唱和乐队伴奏。安魂曲的音乐庄严肃穆，加上人声演唱，带有很丰富的情感，容易打动人心。它除了表达上帝赐给死者安息外，也抚慰活着的人的心灵。

协奏曲

演奏者个人风格与乐队合作的结合

协奏由是由一件或几件独奏乐器与管弦乐队协同演奏的大型器乐套曲。18世纪末，莫扎特继承前人业绩，谱写了各种不同乐器的协奏曲约五十部，最终奠定了沿用至今的协奏曲的曲式与风格，即在第一乐章的末尾处设有独奏乐器即兴演奏风格的段落——华彩段——可由作曲家自创或演奏者即兴发挥。历史上曾出现过教堂协奏曲、大协奏曲、独奏协奏曲等形式。

利奥内洛·斯巴达《协奏曲》局部

舒伯特弹奏钢琴
舒伯特创作的小夜曲在世界上流传很广。

幻想曲

最自由的乐曲形式

幻想曲是一种形式上不拘一格、充分发挥作曲家音乐想象力的器乐曲，出现于文艺复兴时期。按当时的理论家的解释："它的结构与方式之自由，超乎一般的乐曲。"16世纪时，它更发展为多种多样的形式，从最即兴的演奏记录直到最严格的复调组织，都有可能被称为幻想曲。

小夜曲

源于中世纪骑士文学的情歌

小夜曲是一种黄昏或夜间在室外独唱或独奏的歌曲或器乐曲，起源于中世纪欧洲吟唱诗人在恋人窗前所唱的情歌。至近代衍化为一种极富抒情意味的声乐或器乐小品，音乐情绪缠绵委婉，常为青年人徘徊于恋人窗前时所用，流行于西班牙、意大利等国，通常用吉他或曼陀林伴奏。

狂想曲

浓郁的民族气息

狂想曲通常是指19世纪及20世纪初具有英雄史诗性、鲜明的民族特色与幻想风格的单乐章器乐曲。往往以民族民间流行的曲调为主题素材，浪漫热情，如李斯特的《匈牙利狂想曲》、拉威尔的《西班牙狂想曲》、格什温的《蓝色狂想曲》等。

无词歌

门德尔松创造的乐曲形式

无词歌是一种按歌曲体裁和形式特点创作的小型器乐曲，常有一个歌唱性的旋律，伴奏声部具有抒情歌曲常用的伴奏特点，是最早的钢琴音乐之一。这一体裁为德国音乐家门德尔松首创，他作有钢琴独奏的《无词歌》八集，每集六首。

门德尔松

叙事曲

用音乐来叙述

指富于叙事性、戏剧性的独唱曲或独奏曲。最早是一种边舞边唱的歌曲，后成为独唱及复调叙事歌曲的通称。叙事曲的曲调富有语言表现力，内容多取材于民间史诗和古老传说。波兰作曲家肖邦是钢琴叙事曲的首创者。

进行曲

用步伐节奏写成的乐曲

原为军队中用以整步伐、壮军威、鼓士气的队列音乐；后发展为舞曲的一种，多用在群众出场、退场的时候；17世纪起，渐渐转入音乐艺术的领域。多用偶数拍子，以曲调规整、节奏鲜明、结构整齐为特点。近代进行曲的用途日益扩大，除军队进行曲外，还有用于婚、丧、节庆的进行曲及专供艺术欣赏用的进行曲。

瓦格纳肖像
瓦格纳歌剧《罗恩格林》中的"婚礼进行曲"是脍炙人口的乐曲。

歌剧
音乐与戏剧的完美结合

一种由歌唱演员根据戏剧脚本及作曲家为其所谱写的音乐进行表演与演唱的音乐艺术形式。歌剧音乐包括声乐和器乐,声乐是剧中人物的一段段唱段,器乐伴奏声乐的同时,兼有刻画人物心理活动与性格、揭示剧情及发展戏剧矛盾冲突,烘托环境气氛等任务。器乐除作为歌唱的伴奏外,还起连接的作用,幕与幕之间常用间奏曲连接,或每幕有各自的前奏曲。歌剧中的声乐样式有咏叹调、宣叙调、重唱、合唱,等等。

咏叹调

咏叹调又叫"咏唱",是歌剧的主要组成部分,以独唱形式出现。咏叹调往往安排在戏剧情节发展的关键时刻,着重表现剧中人在特定情景中的思想感情,这时,剧情的发展暂停。咏叹调的旋律比较优美动听,并且强调声乐演唱技巧,是最有艺术魅力的唱段,也最易于流传。

老约翰·施特劳斯是圆舞曲的拓荒者。

圆舞曲
源于民间舞蹈

圆舞曲起源于奥地利北部的一种民间三拍子舞蹈,分快、慢步两种,舞时两人成对旋转。现在通行的大多是维也纳式的圆舞曲,速度为小快板,其特点是节奏明确,旋律流畅;伴奏中每小节常用一个和弦,每一拍重音较突出。著名的圆舞曲有小约翰·施特劳斯的《蓝色多瑙河》《维也纳森林的故事》等。

变奏曲
变奏即主题的演变

主题及其一系列的变化反复,并按一定的艺术构思组成的乐曲叫变奏曲。随着音乐艺术的发展,变奏曲这一音乐体裁出现了不同的变奏手法:固定低音变奏曲、装饰变奏曲、自由变奏曲。变奏曲可作为独立的作品,也可以作为奏鸣曲、协奏曲、交响曲、组曲等套曲的一个乐章,常用于慢乐章。

奏鸣曲
对协奏曲、交响曲有着重要的影响

奏鸣曲在16、17世纪时泛指各种器乐曲,17世纪后,则指类似组曲的器乐合奏套曲。自海顿、莫扎特以后,奏鸣曲是指由三四个乐章组成的器乐独奏套曲,或一件独奏乐器与钢琴合奏的器乐曲。奏鸣曲主要乐章常用的一种乐曲结构形式——奏鸣曲式——经常运用于协奏曲、交响曲等的乐章之中,是音乐史上最重要的乐曲形式之一。

圆舞曲世家

奥地利音乐家老约翰·施特劳斯创立了维也纳圆舞曲的优美样式,被尊为"圆舞曲之父";他的儿子——小约翰·施特劳斯——更将之发扬光大,创作出了众多著名的圆舞曲,确立了"圆舞曲之王"的无上地位。

威尔第歌剧《假面舞会》的演出现场,处于后方的是乐队。

乐器

乐器大致可分为木管乐器、铜管乐器、打击乐器、弓弦乐器（通常称做弦乐器）、拨弦乐器、键盘乐器等几类，但这种分类方法不能包括所有乐器，划分的标准也不统一。西方乐器中的钢琴与小提琴可以说是世界上最杰出的乐器，从诞生之日起就受到人们喜爱。中国乐器是各民族文化互相借鉴、彼此交融的体现。

想一想 一件美妙的乐器是如何不断完善的？

长笛
木管组里的高音乐器

长笛属于木管乐器。它音色柔美清澈，音域宽广，最善于表现大自然的景色，尤其善于吹奏活泼轻巧的快速曲调，或者模拟鸟鸣等。它的演奏技巧华丽多样，在交响乐队中常担任主要旋律。乐队中的木管声部位于指挥正前方、中提琴声部后面一排的最左边。

长笛

短笛
乐队中音域最高的乐器

短笛结构同长笛，长度仅是长笛的一半，音域比长笛高一个八度，是乐队中音域最高的乐器。它的音色具有非凡的穿透力，只要吹响便可凌驾于整个乐队之上，常用于凯旋性音乐或描绘风的呼啸等。

单簧管

单簧管
最接近人声的乐器

单簧管也叫做黑管或竖笛，由哨头、小筒、主体管、喇叭口和机械音键组成。管身一般由硬制橡胶或塑料、酚醛树脂等制成。它音域宽广，低音区音色深沉，高声区明亮甚至锐利。单簧管在演奏歌唱性旋律时非常称职，而最擅长的是快速吹奏长长的音阶或是一连串急奏的分散和弦音。其流利灵活是其他木管不可比拟的。

英国管
忧郁、含蓄、梦幻的音色

英国管即F调双簧管、中音双簧管，比双簧管的音域低五度，音色比双簧管浓郁而苍凉，听起来如泣如诉。如德沃夏克的《新世界交响曲》第二乐章主题和西贝柳斯的交响诗《图奥内拉的天鹅》都是以英国管来演奏的。英国管不是管弦乐队的基本乐器，只在表现特定情景时才用。英国管名称的由来，并非因乐器来自英国，而是由于文字上的相同音译的结果。

小号
嘹亮的号角

小号最早是在军队中用来传递信号的工具，17世纪以后成为管弦乐队和独奏的乐器。小号是军乐队的重要乐器，也大量用于爵士乐队。小号音色嘹亮，富于英雄气概，多用于吹奏号角之音和进行曲式的旋律。如威尔第歌剧《阿伊达》中的小号齐奏，气势恢弘，极富煽动性。小号演奏时，还可以在号口塞梨状弱音器，堵住排气量的百分之七十，达到改变音色的目的，以表现抒情、梦幻与神秘。

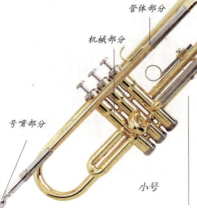

管体部分

机械部分

号嘴部分

小号

长号

"爵士乐之王"

长号又称拉管，属铜管乐器，音色高傲辉煌、庄严壮丽而饱满，声音嘹亮而富有威力，弱奏时又温柔委婉。它的音色鲜明统一，在乐队中很少能被同化，甚至可以与整个乐队抗衡。常演奏雄壮乐曲的中低音声部。它通过滑管来改变号身的长度和基音的音高。是交响乐队中的固定乐器。

长号

吉他

最大众化的弦乐器

典型的大众化乐器，雅俗共赏，便于演奏。高音部音色清澈华丽，中音部柔美动听，低音部丰满深沉，用于独奏可以表现出丰富的和声效果，具有如泣如诉般的感情力量，并能奏出美妙的泛音，还可模仿许多打击乐的音色，表现力极其丰富。用于伴奏（尤其是伴唱）时可以充分发挥其和弦的功力，为主旋律作丰富的衬托。

吉他

竖琴

最古老的拨弦乐器之一

竖琴有 47 条不同长度的弦，七个踏板可改变弦音的高低，能走出所有的调性，在乐队中主要担任和声伴奏和滑奏式的装饰乐句。

具有流水般柔和明亮的音色。竖琴在独奏时能奏出柔和优美的抒情段或华彩段，但较难表现辉煌、雄壮的气氛和场面。

竖琴

钢琴

"乐器之王"

钢琴音域宽广，音量宏大，音色变化丰富，可以表达各种不同的音乐情绪。高音清脆，中音丰满，低音雄厚，它可以模仿整个交响乐队的效果。钢琴因其独特的音响、88 个琴键的全音域，历来受到作曲家的钟爱。在流行、摇滚、爵士以及古典等几乎所有的音乐形式中都扮演了重要角色，被誉为"乐器之王"。

钢琴

小提琴

"乐器之后"

小提琴是一切弓弦乐器中流传最广的一种乐器。小提琴问世后不久，即以其非同寻常的外观格外惹人喜爱，丰富华美的音色使它在乐器中的地位不断提升，很快成为奏鸣曲、协奏曲演奏中不可或缺的乐器。小提琴是最具表现力的乐器之一，演奏技巧极其丰富，作曲家们经常用以引发作品的基调。

小提琴

笛子

笛子

重要的旋律乐器

笛子是典型的中国民族乐器，笛身一般为竹制。笛子的表现力十分丰富，可演奏出连音、断音、颤音和滑音等色彩性音符，还可以表达不同的情绪。无论演奏舒缓平和的旋律，还是演奏急促跳跃的旋律，都有独到之处。此外，笛子还擅长模仿大自然中的各种声音，把听众带入鸟语花香或高山流水的意境之中。

筝

筝

生命力最强的乐器

筝是中国传统的民族乐器之一，历史久远，历经演变，使用地域甚广。发音清脆悦耳，如山泉般流畅。由于筝是按五声音阶定弦，故极具中国民族特色。常用于独奏、重奏、合奏或伴奏，并且广泛应用于中国的许多种地方曲艺形式，如山东琴书、潮州弦诗，等等。

琵琶

"大珠小珠落玉盘"

琵琶的音色清澈、明亮，演奏技巧相当复杂，不同的演奏技巧可以模仿许多声音效果，十分逼真。通常用于独奏，在中国民族乐队中，琵琶也是极为重要的旋律乐器和伴奏乐器。另外，在以苏州评弹为代表的许多中国地方曲艺中，琵琶也是主要的伴唱乐器。

琵琶

古琴

中国最雅致的弦乐器

古琴是乐器家族中最古老的乐器之一，发音浑厚深沉，余音悠远，具有浓厚的中国民族特色。古琴的演奏技巧复杂，有滑奏、揉弦和泛音奏法等特殊技巧，表现力丰富，属于典型的独奏乐器。

扬琴

中国民族乐队中必不可少的乐器

扬琴属打击弦鸣乐器，音量宏大，刚柔并济，慢奏时如丁冬的山泉，快奏时又如潺潺流水，是中国民族乐队中必不可少的乐器。无论用于独奏、伴奏还是合奏，扬琴的音色特点都能得到淋漓尽致的发挥。

二胡

雅俗共赏的中国乐器

二胡是典型的中国民族乐器，音色柔美深沉，表现力丰富，善于抒发感情。二胡的演奏技法繁杂，有分弓、快弓、颤弓、顿弓和跳弓等弓法技巧，以及颤音、倚音和滑音等指法技巧。多用于独奏，也是中国民族乐队中必不可少的主旋律乐器。中国的许多地方戏种、曲艺说唱等艺术形式的主要伴奏乐器即为二胡以及二胡的"同族兄弟"板胡、京胡、高胡，等等。

唢呐

善于表现人类喜怒哀乐的管乐器

唢呐

唢呐的音色高亢明亮，具有极强的感染力，无论用于表现自然事物或者人类的喜怒哀乐，都有独到之处。唢呐是一种历史久远的中国传统民族乐器，常用于独奏、重奏、合奏以及地方戏曲、歌舞的伴奏。在民间，每逢喜庆佳节，唢呐更是吹打乐队和锣鼓乐队中的骨干乐器。

箫

超凡脱俗的音色

流行于中国民间的吹管乐器，又名洞箫，以竹制作，管身有六孔。箫的音量较小，音色圆润、浑厚、柔和、幽雅，给人一种悠远、苍凉的感觉，因此非常适合演奏较为哀婉的乐曲。常用于独奏或琴箫合奏。在传统的中国江南丝竹乐中，箫也是重要的乐器之一。

锣

紧张气氛的渲染者

锣属于金属体鸣乐器，又称"中国锣"，不但是中国的民族打击乐器，也是交响乐队中唯一的中国乐器。锣没有固定音高，音响或低沉、或宏亮，余音悠长持久。通常，锣声用于表现一种紧张的气氛和不祥的预兆，具有十分独特的艺术效果。锣是现代交响乐队、管弦乐队中重要的打击乐器，改变锣棰棰头的结构或质地可有效地改变锣的音色。

锣

钟

钟

世界性的古老乐器

钟由铜或铁铸成，演奏时用木槌、撞木击奏外壁或用钟舌击奏内壁发音。世界各地的钟的形制、构造略有不同。中国钟因悬挂部位和构造不同分为甬钟、钮钟两种。钟体横截面呈合瓦形，纵部面呈梯形，平项凹口。中国古代编钟每组少则三枚，多则二十四枚，视等级和使用场合而定。钟的音高由钟体大小或钟体厚薄来决定。

三弦

三弦

中国民间广为流传的乐器

三弦又称"弦子"，我国传统弹拨乐器。长柄，音箱方形，两面蒙皮，弦三根，侧抱于怀演奏。音色坚实响亮、粗犷豪放。三弦演奏滑指和走音十分方便，也便于自由转调，在这方面与二胡类似。适合独奏、合奏或伴奏，是说唱曲艺、地方器乐、少数民族歌舞乐的重要乐器。

最伟大的演奏家

"管风琴之王"
——巴赫
Johann Sebastian Bach
1685～1750
管风琴是巴赫一生的主要创作工具，也是最能体现他演奏艺术的乐器。巴赫生前作为一个管风琴演奏家的名气远远超过了他"作曲家"的声望，赢得了"管风琴之王"的盛名。

"鬼才"
——帕格尼尼
Nicolò Paganini
1782～1840
帕格尼尼拉琴时情绪激越，如痴似醉，如神魔附身。有人说他将灵魂卖给魔鬼，才换得如此神奇的演出。他对近代小提琴的演奏具有开拓意义。

"钢琴之王"
——李斯特
Liszt Ferenc
1811～1886
李斯特可以在钢琴上创造出管弦乐的效果，赢得"钢琴中的帕格尼尼"的声誉，开创了背谱演奏的先例。弹奏时，他习惯高举双手，一副"打击"乐器的姿态。

巴洛克时期的音乐

巴洛克（Baroque）原意是"奇形怪状的珍珠"，用来指17世纪前后一种艺术风格的名称。巴洛克音乐是17世纪到18世纪上半叶的音乐，指一些乐句长度不一、气息较长、华丽舒缓的曲调。它的特点为结构严谨，风格庄重，更富于戏剧性，更趋向世俗化。

想一想 音乐看不到，可为什么会产生那么多的表现音乐内容的美丽图画？

《波培亚的加冕》剧照

《波培亚的加冕》
对人物性格进行了细致入微的刻画

这部歌剧是蒙特威尔地在75岁时写的。命运、道德、爱情三女神争论谁控制人的力量最强，结果是爱情的力量获胜。蒙特威尔地在这部歌剧的伤感旋律中，以一种理想的音乐形式，充分地表达深刻的人性；强烈的暗示力、有血有肉的人物描绘，都使全剧呈现出一种如画般的诗意。

《奥菲欧》
第一部真正意义上的歌剧

这是蒙特威尔地的第一部歌剧，也是他歌剧创作中最具代表性的作品。剧情取材于希腊神话中奥菲欧入地狱营救死去的妻子的故事。在冥府，冥王答应如果奥菲欧在到达尘世前，不回头看妻子一眼，就把妻子还给他。可惜他虽战胜了地狱，却战胜不了自己的情感，终于还是违犯了戒条，只好与妻子诀别。在这部歌剧中，蒙特威尔地把对妻子的怀念融入了剧情。这部歌剧仅用寥寥几笔就能将剧中人物形象刻画鲜明。在音乐方面，合唱插曲及器乐插曲都配合着剧情情节，展现着各自的特色。

《奥菲欧》剧照

蒙特威尔地

蒙特威尔地
"近代歌剧之父"

蒙特威尔地，意大利作曲家。在当时的歌剧领域，是最伟大的作曲家。他善于运用不和谐音和管弦乐队的音色增强戏剧性，认为歌剧的音乐要表达人类深刻的情感，并且要与歌词意义相吻合。鉴于他对歌剧这种体裁起的奠基性作用，人们尊他为"近代歌剧之父"。

《战斗与爱情牧歌集》
激情式的牧歌集

这是蒙特威尔地的一部牧歌集，该集多处使用了"激情式"（指用于表现愤怒或激动的风格，为蒙特威尔地首创），它通常是由数个歌手一起演唱，以快速重复的音符制造出一种生气勃勃、咄咄逼人的效果。书中提到的战斗，常常是爱情的象征和情爱的征服。

库普兰

法国古钢琴乐派的中心人物

法国作曲家。擅长创作键盘乐曲、器乐重奏曲、世俗歌曲及教堂音乐。他创作的古钢琴曲多为标题性乐曲，内容大多反映凡尔赛宫廷生活，或描绘庭园景色、妇女肖像等，艺术风格以繁缛的装饰音为特点，人们形容他的音乐是"诗一般的"。

拉莫

库普兰的继传承者

拉莫是18世纪法国最伟大的作曲家。专著《论和声》使他成为声名显赫的音乐理论家和颇具创新意识的思想家。拉莫与另一位作曲家联手创作了他的第一部歌剧《希波吕托斯和阿里奇埃》，这部作品被称为"音乐中的悲剧"。

歌剧的诞生

歌剧是巴洛克时期最重要的音乐发展成果，它是由16世纪意大利的佛罗伦萨音乐家奠定的。现存最早的完整歌剧是佩里在1600年写的《尤利狄茜》；1607年首演的《奥菲欧》是第一部真正的歌剧。

维瓦尔第

"红发神父"

维瓦尔第

维瓦尔第是巴洛克时期意大利著名的作曲家、小提琴家。他一生创作了500首左右的协奏曲，包括为几乎所有主流乐器而写的独奏协奏曲和不少数量的大协奏曲，极大地发展了协奏曲这一新兴的音乐体裁和提琴的表现技巧，同时为配器学的发展做了充分的尝试，这些都给后来的巴赫、亨德尔以重大的影响。维瓦尔第的作品以富于民间色彩和生活气息著称。

吹短笛的男孩

《短笛协奏曲》

"维瓦尔第风格"的体现

维瓦尔第曾写过三首小型高音竖吹长笛协奏曲，后来这三首乐曲改为用短笛来演奏。乐曲以巴洛克时期特有的一件键盘乐器加一件旋律乐器的通奏低音和弦乐作为协奏。三首乐曲都蕴藏着相当丰富且极有维瓦尔第作品风格的律动感。这也是维瓦尔第的作品区别于其他巴洛克音乐大师的重要特点之一。

《四季》

古典音乐最易懂的巴洛克作品

《四季》是一首小提琴协奏曲，是维瓦尔第最著名的作品。它具有鲜明的标题性和优美的歌唱性。作品所包含的四首乐曲分别被冠以春、夏、秋、冬的标题，每首作品包含三个乐章，构成四个相互独立而又彼此关联的整体。作曲家为每个乐章都附上了一段诗句，描绘每个乐章所力图表现的主题。随着精致优雅的旋律，作曲家对四季的变换做了细致入微的刻画。

《四季》第三幕的舞台布景设计

巴赫使用过的管风琴

巴赫
"音乐之父"

巴赫是德国作曲家、管风琴家。他是18世纪上半叶欧洲最伟大、最有影响的作曲家，也是巴洛克音乐时期的重要代表人物。巴赫一生创作了大量的作品，体裁形式十分多样。由于他杰出的创作活动和对音乐艺术的发展所作出的巨大贡献，在世界音乐史上，素有"音乐之父"的美称。1750年，巴赫的逝世成为了巴洛克时期结束的界限。

描绘18世纪初音乐课的画作

《平均律钢琴曲集》
钢琴音乐的《旧约全书》

平均律是欧洲音乐的基本律制，巴赫以《平均律钢琴曲集》首次为平均律的创作树立典范，影响极为深远，被称为钢琴音乐的《旧约全书》。《平均律钢琴曲集》集复调音乐之大成，乐曲内容丰富，情感各异，精美的旋律、千锤百炼的主题和匪夷所思的复调作曲技法随处可见，代表了巴赫器乐创作的最高成就。

巴赫的《马太受难曲》1913年在巴黎演出的背景草图

《b小调弥撒曲》
代表了巴洛克声乐艺术的最高成就

巴赫的《b小调弥撒曲》被认为是同类音乐中最深刻、最壮观、最杰出的范例之一，共有24首分曲。艺术上最大的特点是多声部复调手法无比精致、多变的使用，起伏交错的音流表达出群众性情感的壮阔。为了突出生活气息，巴赫大胆地采用了一些世俗歌曲、舞曲的音调，并采用了歌剧的结构形式和大型管弦乐队。

《马太受难曲》
巴赫最伟大的宗教音乐作品

"受难曲"是指根据《圣经》中耶稣受难的故事写成的一种带有叙事性和戏剧性的声乐作品，同时加有重唱、合唱和独唱。这部乐曲以其宏伟的气势、精巧的结构成为巴赫宗教音乐作品中的一部重要文献，与亨德尔的《弥塞亚》、海顿的《创世纪》并称为"世界三大神剧"。

《降B大调随想曲》
一首寄托了巴赫深情的作品

全名为《为送别即将出发旅行的哥哥而作的随想曲》，作于1704年，当时，巴赫19岁。这首乐曲是巴赫为送别兄长而作，曲首有一段题辞："意图是使其中止旅行后感受朋友们柔情的话语。"全曲从小抒情调始，转为行板，然后进入主题。这是一首寄托了巴赫深情的作品。

《勃兰登堡协奏曲》
独奏乐器繁多的协奏曲

这是巴赫同类作品中最伟大的杰作。在这组作品中，巴赫以熟练的技巧展开动机，创作出优美的乐曲，无论乐器分配还是乐章的组成方式都各具特色。巴赫动员了当时所有可能的乐器编制，规模之大令人叹为观止。

《马太受难曲》画意

《弥赛亚》

站着听的"神曲"

《弥赛亚》是亨德尔所写神曲中最突出的作品之一。全曲分三部，其中第二部的高潮《哈利路亚大合唱》，洋溢着世上最庄严、最神圣、最扣人心弦的力量。在伦敦上演时，当《哈利路亚》奏响时，国王按捺不住心中的激动，站起来听完了全曲（要站着听《哈利路亚》作为一条不成文的规定一直延续到今天）。

《十二首大协奏曲》

巴洛克最杰出的器乐曲

亨德尔的"协奏曲"有近30首，其中以弦乐合奏的《十二首大协奏曲集》最为有名，也最常被演奏。这12首大协奏曲使用的乐团编制不大，却可以说是亨德尔最伟大的管弦乐作品之一。从作品中可明显看出作曲家特意模仿柯赖里古协奏曲风格的痕迹，但在乐曲的表现上还是带有自己的原创性，在技巧的运用上更是卓越不凡。

亨德尔

亨德尔

"神曲之父"

英籍德国作曲家亨德尔一生写了许多音乐作品，共收集成96卷，是人类艺术史上的巨大财富。他从1738年开始写"神曲"，这一题材是他一生成就的所在。"神曲"是一种清唱剧，以大型独唱及合唱交织在一起，演出时不用任何舞台布景或道具，也没有表演动作，仅用歌声来表现故事内容。亨德尔的音乐富有戏剧性，内容多取材于古代神话或历史。

巴赫：音乐世家

从17世纪到19世纪末，两百多年间巴赫家族中共出现了52位音乐家，直到1817年，这伟大的一脉才告终结。

Johann Sebastian Bach 1685～1750
"巴赫"这个名字一般是指 J.S.巴赫，这个音乐世家中最出色的一位。由于他在音乐上的杰出贡献，后人尊称他为"西方音乐之父"。

Wilhelm Friedemann Bach 1710～1787
老巴赫的第三子 C.P.E.巴赫，24岁即名震柏林，后在汉堡任教堂乐长。被称为"柏林巴赫"或"汉堡巴赫"。

Johann Christian Bach 1735～1782
老巴赫最小的儿子 J.C.巴赫，因当时任米兰大教堂管风琴师并定居伦敦，人们称他"米兰巴赫"或"伦敦巴赫"。

古典主义音乐

古典主义音乐指的是18世纪初~19世纪初的音乐风格，一般以1760年为界，分为前后两期。古典主义音乐作品具有朴素的音乐语言、规整严谨的结构手法和鲜明的思想感情，内容多反映大众共同的时代要求和生机勃勃的生活情趣。

想一想 为什么人们称贝多芬为"音乐领域的英雄"？

海顿
德国国歌的作者

海顿是奥地利作曲家，维也纳古典乐派的最早期代表。他在艰苦的生活环境中创作了大量作品，成为当时首屈一指的音乐家。他曾两次去伦敦旅行，写了12部《伦敦交响乐》。这是他一生中最优秀的作品，从此名震全欧。他把交响乐固定为四个乐章的形式，并在配器上形成一套完整的交响乐队编制，为现代交响乐的发展奠定了基础。海顿还是德国国歌的作者。

海顿

《告别交响曲》
最富于想象力的作品之一

海顿担任尼古拉斯伯爵的乐团乐长时，团员们长期住在宫里，不能与家眷团圆。于是海顿构思了一部交响曲，在乐曲末乐章结尾的柔板处，乐器一个一个退出演奏，最后只剩下两把小提琴将乐曲引向尽头，借此表现出乐团团员们的心情。就这样，海顿写成了《告别交响曲》，调号也选择了代表孤寂的升f小调。

《巴黎交响曲》
海顿自身创作的突破

在1785~1786之间的短短两年内，海顿受巴黎贵族邀请写了6部交响曲并在巴黎演出，后人将这6首作品统称为《巴黎交响曲》。乐评界称这些作品"气质非凡，结构超群，令人惊叹"。这6部交响曲比以前的作品体现出更丰富的音响和音色变化，堪称海顿自身创作的一次重大突破。

《创世纪》
不朽的清唱剧

《创世纪》是海顿最著名的作品。这部清唱剧以《圣经·创世纪》与弥尔顿的《失乐园》的情节为基础。管弦乐部分则描述轰轰的雷声、小虫及动物的细语等，是一部优美而愉快的清唱剧。它与亨德尔的《弥赛亚》及门德尔松的《伊利亚》并称为"世界三大清唱剧"。

莫扎特

莫扎特
德国民族歌剧的奠基者

莫扎特是奥地利作曲家，维也纳古典乐派的代表。莫扎特广泛采用各种乐曲形式，成功地把德、奥、意等国的民族音乐和欧洲的传统音乐有机地联系在一起，为德国民族歌剧奠定了基础，创造出一种现实主义音乐剧的新体裁。莫扎特一生中共创作了75部作品，留下了《费加罗的婚礼》等著名歌剧，使歌剧成为具有市民特点的新体裁。

莫扎特歌剧《魔笛》中的捕鸟人

《魔笛》
雅俗共赏的歌剧

这是莫扎特的另一部著名歌剧。《魔笛》的音乐语言极为丰富多彩、生动感人。全剧完全被放在维也纳当时通俗戏剧的环境和氛围中来考虑和安排，讴歌的是哲人们恬静而活泼的出神的境界。在《魔笛》中，莫扎特体现了他的创作特征，正像他自己所说的："使内行得到满意，外行也在不知不觉间感到满意。"

《唐·璜》
每一个细节都恰到好处的音乐

《唐·璜》是莫扎特的三大歌剧之一，故事以一个在西班牙南部享有盛名的传奇人物唐·璜为主角。这出歌剧以喜剧方式来处理亵渎神明的人。在这部作品里，莫扎特发展并丰富了歌剧的表现形式。此外，莫扎特还为剧中一位角色奥塔维奥安排了美妙纯真的美声唱法，呈现出未受情欲干扰的音乐，以凸显人物的正直个性。而在唐·璜死后，莫扎特安排了一首六重唱，以减轻悲剧性结果的气氛。

《费加罗的婚礼》
用音乐成功地表现戏剧性冲突

这是莫扎特众多歌剧作品中最著名的一部，取材于法国剧作家博马舍的同名喜剧。歌剧中的音乐，着意于原作中的喜剧性和抒情性，广泛地用各种重唱形式来表达人物复杂的心理和戏剧情节，将音乐表现戏剧性冲突的潜力发挥得淋漓尽致。相对来说，歌剧序曲的含意要简单得多，但完全符合歌剧的寓意。

达·蓬特
莫扎特的歌剧《费加罗的婚礼》《唐·璜》等剧本的作者。

《安魂曲》
莫扎特最后的作品

"安魂曲"是为死者举行追思弥撒仪式时所用的一种音乐形式。这首曲子是莫扎特在弥留的最后两个月中间写的。莫扎特把死亡叫做他"最好的朋友"，这里没有伤感和不安，也没有悲凉和凄惨，一切都以平常心去面对。这首曲子在莫扎特手中尚未完成，后来由他的两个学生共同补充完整，以致其中有不和谐的地方。

伟大的音乐天才贝多芬

贝多芬
音乐领域的英雄

著名作曲家，德国维也纳古典乐派的代表人物。他的作品，在欧洲音乐史上起到了继往开来的作用，对近代西洋音乐的发展产生了深远影响。他50岁时双耳完全失聪，但却一直隐忍着这种致命的打击，坚持指挥、作曲，与命运进行了不屈的抗争。交响曲这一音乐形式在他手里达到巅峰。

《第三交响曲—英雄》

"为纪念一位伟大的英雄而作"

这首交响乐一开始就是充满力度、朝气蓬勃的主题，就像要表现英雄的力量，把观众都唤醒进入音乐之中。本来贝多芬将这首交响乐命名为"拿破仑"，可当听到其称帝的消息时，失望愤怒的贝多芬划去了乐曲手稿封面上拿破仑的名字。现在第三交响曲正式的名字是"英雄"，意即纪念的仅是一个理想中的英雄。

《第五交响曲—命运》

对命运的抗议

这是一部充满活力，又"热望未来"的作品。在第一乐章中的三个主题都使用了MiMiMiDo四音的动机，有人曾揣测说这是命运之神在敲门。且不论这是否正确，但终曲以清晰明悦的主题和干净直接的和声结构，在有力的节奏驱策下，的确带有一种战胜命运或死亡的胜利之声。这首曲子是最能以象征手法来解释乐曲的范例。

《第五交响曲—命运》的乐谱手稿

《第六交响曲—田园》

"比音画更有感情"

这部交响乐共分五个乐章，全有小标题。第一乐章：初到农村时被唤起的愉悦心情；第二乐章：溪畔景色；第三乐章：农民快活的聚会；第四乐章：雷电，暴风雨；第五乐章：牧歌，暴风雨过后欢乐激动的心情。从小标题中即可看是这是一部栩栩如生的"乡村风景画"，作品表达了大自然对人类思想及感情的影响。贝多芬在原谱上写道"比音画更有感情"。

《费德里奥》

贝多芬创作的唯一一部歌剧

这是贝多芬创作的唯一一部歌剧，据法国剧作家布伊的剧作改编。《费德里奥》首演失败后，贝多芬连续经过两次修改，所以仅《莱奥诺拉》序曲就有了三首。作品除序曲外，分为三幕：一、监狱牢房；二、准备行刑的地牢；三、终曲：城市广场；最后以合唱与重唱"莱奥诺拉之歌"结束。贝多芬在这部歌剧中表达了和《英雄交响曲》类似的革命精神。

图为1935年《费德里奥》在柏林演出时的舞台设计图

《第九交响曲》

"从痛苦走向欢乐"

为了使交响曲能更鲜明地表达思想和哲理，并且容易被听众所理解，贝多芬大胆打破常规，把席勒的著名诗篇《欢乐颂》谱成合唱写进了末乐章。这部交响曲是贝多芬"从痛苦走向欢乐"的人生哲学的艺术概括，标志着他一生的创作顶点。这部作品被听众誉为宏伟的、充满哲理性和英雄性的交响曲。

《庄严弥撒曲》

非礼仪圣乐的范例

《庄严弥撒曲》被贝多芬视为自己毕生的杰作，他完全是按照心灵的感受而创作的。这首弥撒曲虽然不是一首礼仪的圣乐，但却表现出强烈的宗教情绪。这首乐曲的作曲方式，开创了弥撒曲的新乐章。此后，作曲家们创作弥撒曲时都遵循曲中的五个部分，包括"主啊怜悯我们"、"光荣"、"我相信"、"圣所"、"上帝的羔羊"。

古典主义音乐的伟大成就

管弦乐的演变
海顿的弦乐四重奏和管弦乐的编制，成为后世作曲家的典范，也就是说，近代管弦乐的乐器编制，是由海顿确立下来的。

室内乐的诞生
室内乐中最重要的弦乐四重奏，在音乐史上获得重视是在海顿写了70多曲之后。莫扎特的这类作品虽然数量不如海顿，但加深了内在的表现力。贝多芬也在这方面做出了他的贡献。

近代钢琴奏鸣曲的登场
之前的钢琴曲，目的只在于以迷人的旋律等来满足人们对美的需求；到了贝多芬，凭着他高超的弹奏技巧与创作天才，大大地拓展了钢琴音乐的表现领域。他的32首钢琴奏鸣曲，被喻为钢琴音乐的"新约圣经"。

罗西尼

罗西尼
"为喜歌剧而生"

罗西尼是意大利作曲家，是当时最负盛名的歌剧作家，他把意大利喜歌剧和正歌剧的体裁推向了高峰。他的创作继承了意大利注重旋律及美声唱法的传统，充满炫技的装饰和幽默、喜悦的精神。他的39部歌剧均十分讨人喜欢，连他自己都自称"为喜歌剧而生"。

帕格尼尼
最负盛名的小提琴演奏家

意大利作曲家、小提琴演奏家帕格尼尼，是音乐史上最负盛名的演奏家之一。他开拓了近代小提琴演奏的技法，拉琴时情绪激越，如痴如醉。帕格尼尼最光辉的成就在于演奏自己的作品。他生平写有小提琴曲、吉他曲二百余首，以及各种室内乐曲。这些曲子在他生前很少出版，许多曲子已经失传，但传世的作品仍然给后人许多创作灵感。

《塞尔维亚的理发师》
罗西尼最具代表性的作品

罗西尼的代表性作品《塞尔维亚的理发师》是根据法国戏剧作家博马舍的同名喜剧创作的。作曲家吸取了德国和法国喜剧中夸张幽默的手法，结合意大利歌剧注重旋律和歌唱技巧的特点，使明快华美而独特的音乐喜剧风格，在歌剧的许多著名的咏叹调、演唱曲、浪漫曲和重唱曲中得到了充分的体现。

《塞尔维亚的理发师》中的一景

《威廉·退尔》
法国正歌剧的先驱

罗西尼创作这部歌剧的时候，正旅居巴黎，所以采用了法国风味的手法，从而使该作品成为后来法国正歌剧的先驱。绝大多数的歌剧作品，在"主剧"正式上场之前，都会有一段"序曲"，先让观众进入观赏的情绪，而这段序曲往往都会包含了歌剧中重要而又精彩的旋律，所以也经常会被单独拿出演奏，《威廉·退尔》的序曲是此类乐曲的佼佼者。

《威廉·退尔》剧中的人物造型

浪漫主义音乐

浪漫主义音乐是19世纪20年代～50年代风行欧洲的音乐潮流，其影响持续到19世纪后半叶。浪漫主义音乐的特征是：强调个人主观情感，注重表现自然，并与个人主观感受融为一体，自觉追求民族、民间的内容和情绪。

想一想 民族音乐对浪漫主义音乐有什么影响？

《魔王》的插图

《魔王》

脍炙人口的叙事曲

由舒伯特根据歌德同名诗创作，作于1815年，当时作者只有18岁。全诗的故事情节为：父亲怀抱发高烧的孩子在黑夜的森林里骑着马飞驰，森林中的魔王不断引诱孩子，孩子发出阵阵惊呼，最后终于在父亲怀抱中死去。作者充分利用音乐展示了戏剧性的情节，如钢琴伴奏模拟马蹄疾奔的节奏贯穿全曲，低音奏出的风声烘托出沉闷恐惧的气氛等。

舒伯特

舒伯特

"歌曲之王"

舒伯特是德国作曲家，德国近代艺术歌曲的创始人。他创作的歌曲曲调朴素自然，和声新颖，大小调交替，充满戏剧性。他把和声、伴奏提高到与诗歌同等重要的地位，在诗与歌之间建立均衡的关系。其最有代表性的歌曲有《魔王》《圣母颂》《鳟鱼》《小夜曲》以及许多其他作品。

《美丽的磨坊姑娘》

舒伯特的爱情自传

《美丽的磨坊姑娘》和《冬之旅》这两部歌曲集都是舒伯特根据缪勒的诗作谱写的。前者描写一位天真的少年，不幸为情所苦，最后为情而死的情节。这部诗集的内容，与当时舒伯特的境遇相似，因而他的情感也借着音乐宣泄出来。这种以多首歌曲描写一个主题的形式，早已为贝多芬创出，但舒伯特这两篇却更具代表性。

《美丽的磨坊姑娘》的插图

《冬之旅》

"令人战栗的歌曲集"

《冬之旅》是舒伯特创作的声乐套曲，共24首，描写主人公遭到他所追求的爱人的拒绝，离乡背井，踏上茫茫的旅途。套曲借旅途中所见到的景物——沉睡着的村庄、邮站、路旁的菩提树、潺潺的小溪等——来衬托和刻画主人公的心理。其中第五首《菩提树》是最受人们喜欢的歌曲，直到现在仍被人传唱不已。

《未完成交响曲》
一首有着完整内涵的未完成交响曲

舒伯特将这首交响曲作为完成了的作品献给奥地利格拉茨市的音乐协会，以表示对协会授给他荣誉会员证书的谢意。人们在他死后的1865年，才发现了交响曲的总谱，因为它只有两个乐章，所以被称为"未完成"。但这两个乐章交响曲的创作构思已很充实完整、自成一体，显示出绝无仅有的艺术魅力。

韦伯

韦伯
浪漫主义歌剧的奠基人

德国作曲家、指挥家、钢琴家韦伯，是德国浪漫主义歌剧的创始者。在他的创作中，浓厚地表现出了浪漫主义气质，那种富于幻想性的特色、追求民族和民间情趣，以及作品中带上戏剧情节的构思和注重色彩变化的手法，都对浪漫主义音乐的发展产生了很大影响。他所开创的浪漫主义民族歌剧，在题材、风格、手法上都具有重要意义。

《自由射手》
德国第一部浪漫主义歌剧

这部作品是韦伯最成功的歌剧。这是一部有说白的歌唱剧，剧本反映了善良与爱情战胜邪恶、光明战胜黑暗的主题。朴实无华的风格和厚重的神秘色彩表现出德国民谣和德国农村对这部作品的影响。在管弦乐序曲中，韦伯充分发挥了器乐的表现能力，把人们带入了神话般的境界。由于这部作品具有浓郁的德国风格和浪漫气息，被认为是德国第一部浪漫主义歌剧。

《自由射手》中的人物服装造型

柏辽兹
"标题音乐之父"

柏辽兹是法国作曲家、音乐评论家和指挥家，西方音乐史上最伟大的作曲家之一，也是第一流的戏剧音乐家。他喜欢写粗犷、恐怖的题材，表现的重点从内在的、主观的事物，转移到外在的、幻想的事物，将交响乐变成了一种无人声的戏剧，用音乐表达故事的情节，被称之为"标题音乐之父"。

柏辽兹

《幻想交响曲》
第一首标题交响曲

这是柏辽兹创作的管弦乐作品，副标题为"一个艺术家生活的插曲"，具有自传性，是标题音乐的典范。作品描写一个神经衰弱、狂热而富于想象力的年轻音乐家因失恋而服毒自杀，因剂量不够，在昏迷中产生了奇异的幻想。相传，这部作品与作曲家本人的爱情经历有关。

《罗密欧与朱丽叶》
史无前例的"戏剧交响曲"

作者柏辽兹。这是首合唱、独唱及附有合唱宣叙调开场白的戏剧交响曲，共分三大部分，各部分又分许多细节。作品以交响曲的形式，将莎士比亚著名的悲剧表现出来，虽然是交响曲，实质上却已经超越了交响曲的概念，强化了叙事性，并且更强烈地表现出梦幻情绪，这是史无前例的创举。

《浮士德的沉沦》
歌剧式的音乐

这部作品为柏辽兹根据歌德的代表作《浮士德》改编，由独唱、合唱及管弦乐演出。作品共分四个部分，虽然与歌剧有相似的地方，但并不需要歌剧的舞台设备、服装和表演，因为它是为音乐会而写的，只是戏剧成分比较多。作品中最常被音乐会演出的是《匈牙利进行曲》《妖精之舞》等。

《浮士德的沉沦》中的人物造型

门德尔松
作曲家中的抒情风景画大师

门德尔松是德国作曲家、指挥家，38岁时即病故。他在短暂的一生中创作了大量的各种体裁的音乐作品，作品风格温柔舒适、优美恬静、完整严谨，极少矛盾冲突，富于诗意幻想；既带有古典主义作品的严谨逻辑性，又带有浪漫主义的幻想性格。他还独创了"无词歌"的钢琴曲体裁，48首"无词歌"形象生动多姿，是早期标题音乐的代表。

《仲夏夜之梦》序曲的扉页

《仲夏夜之梦》序曲
最早描写神仙境界的乐曲

管弦乐序曲《仲夏夜之梦》是门德尔松用奏鸣曲式创作的。门德尔松自称序曲中包括了莎士比亚戏剧里所有特别吸引他的形象。乐曲中那奇妙的神话世界，飘忽迷人的小精灵，仲夏夜的星月，寂静神秘的大森林，人世间与自然界、神界在情感及灵性上的相通，这一切作曲家心灵上所感受到的，他都用精致的乐笔写了下来。

无词歌
曲曲珠玑的钢琴小品

无词歌为门德尔松所创。他作有钢琴独奏的无词歌八集，每集六首。其中除三首《威尼斯船歌》的标题为作者原来写的之外，其余绝大多数都不是作者所定。无词歌的曲调范围几乎接近人声的自然音域，歌唱性的、浪漫歌曲式的曲调是这部钢琴曲集的重心。

《威尼斯船歌》

《威尼斯船歌》是无词歌中的三首乐曲，创作来源于对意大利威尼斯贡多拉（一种小船）船工所唱歌曲的模仿和发展，这些船歌在曲调上一般都很优美、抒怀、明快，节拍上通常比较轻快流畅。在门德尔松的作品中，大都为充满欢乐、幸福的赞歌，唯独《威尼斯船歌》洋溢着悲哀与沉郁之情。

肖邦
"钢琴诗人"

波兰作曲家肖邦，是浪漫主义时代最有独创性的艺术家之一，他的创作几乎全部是钢琴曲。肖邦的音乐具有浓厚的波兰民族风格。他对民族民间音乐的态度非常严肃，但又不被束缚，总是努力体会它的特质加以重新创造。这样，他既提高了民间音乐体裁的艺术水平，又保持着它的纯净的风格。

肖邦

《玛祖卡舞曲》
充满着浓郁的民族气息

《玛祖卡舞曲》是波兰最具有乡土色彩的舞曲之一。传统的玛祖卡舞曲风格柔美、轻巧，具有女性化倾向。肖邦借用了波兰固有的乡土舞曲的形式，以他独特的创意发展成新鲜的形态及内容。肖邦共创作了51首《玛祖卡舞曲》，基本上有两种类型：一种是具有比较浓厚的民间风格的；另一种则属于市民阶层类型的，曲调线非常细致，具有一定程度的多愁善感的市民气息。

舒曼

《波兰舞曲》
显示了庄重、宏大的气势

波兰舞曲不像玛祖卡舞曲那样富有民间风俗性，而通常具有庄重、华丽的波兰贵族气息。肖邦一生创作了多首《波兰舞曲》，早期的作品偏重于外在的庄重和华丽，音乐形象光彩绮丽；流亡国外后所写的波兰舞曲，具有了深刻的爱国主义思想内容，在艺术性上也更发挥了钢琴的乐队性、交响性的效果和宏大的气势，这在肖邦其他体裁的作品中是很少见的。

舒曼
"音乐文学家"

舒曼是德国著名的作曲家、钢琴家，浪漫主义音乐成熟时期的代表之一。舒曼曾创办《新音乐杂志》，对改变当时陈腐的音乐空气，促进浪漫艺术的发展，起到了重要的作用。他强调音乐是感情的表现，把感情提高到音乐艺术的首位，同时又非常强调其中的幻想因素。舒曼在1840年谱写了138首歌曲，被称为"歌曲文萃"。

李斯特
"交响诗之父"

李斯特是匈牙利著名的作曲家、钢琴家、指挥家。他的作品充满了匈牙利气质，特别是19首《匈牙利狂想曲》，都源于匈牙利的民间曲调。李斯特在演奏方面的表现同样出色，他极大地丰富了钢琴的表现力，在钢琴上创造出了管弦乐的效果，并且首创了背谱演奏法，因而得到了"钢琴之王"和"钢琴中的帕格尼尼"的称誉。他主张标题音乐，首创了交响诗体裁，作有《塔索》《前奏曲》等12部作品。他的创作树立了与学院风气相对立的浪漫主义原则。

匈牙利民间跳舞的情景

《第二号匈牙利狂想曲》
李斯特《匈牙利狂想曲》中最著名的一首

这是使李斯特不朽的一首名曲。乐曲开始是一个速度缓慢、沉着有力的引子，接着，音乐从中音区开始，旋律缓慢庄严。第二部分音乐速度加快，出现狂热的弗里斯舞曲，描绘民间节日人们欢欣起舞的情状。随着音乐速度与力度的增强，乐曲进入了万众狂欢的群舞场面。狂放的舞步、飞腾的旋律、急速的节奏，表现出匈牙利人豪放、乐观、热情的民族性格。这是李斯特创作的众多的《匈牙利狂想曲》中最著名的一首。

李斯特

图为1867年匈牙利颁给李斯特的荣誉证书。

《前奏曲》
交响诗的杰作

这是李斯特创作的一部交响诗，采用法国诗人拉马丁的诗集《冥想》中的一节附在总谱前作为标题。李斯特的音乐带给人们的是温暖、明朗和深情，突出的是力量和辉煌。《前奏曲》交响诗的总体结构是奏鸣曲式，全曲在一种生气勃勃、精神焕发的气氛中结束。套曲四个乐章之间的内在联系，被交响诗这种结构形式更加强了。

瓦格纳
德国歌剧的改革者

瓦格纳是德国作曲家，他对歌剧艺术的改革做出了许多贡献。他试图把音乐、剧本、表演、造型美术和戏剧等方面加以综合。他不称自己的作品为歌剧，而称之为乐剧。认为歌剧不是音乐的艺术品，而应该是戏剧的艺术品。瓦格纳的音乐创作除歌剧外，其他体裁种类涉及不多。

《尼伯龙根的指环》
体系"庞大"的歌剧

这部庞大的四联剧是瓦格纳最著名的作品，由四部剧组成：《莱茵的黄金》《女武神》《齐格弗里德》与《众神的黄昏》。全剧取材于中世纪尼伯龙根传奇的各种版本。在这部歌剧中，瓦格纳扩大了管弦乐队的规模，尤其是铜管乐器部分，主要是为了提供更多调性音色。

威尔第
"戴钢盔的作曲家"

威尔第是意大利伟大的歌剧作曲家。他的歌剧善用意大利民间音调，尤其能绘声绘色地刻画剧中人的欲望、性格和内心世界，具有强烈的感人力量。他的作品经常被读解为对国家自由独立的呼吁，所以罗西尼说："这是个戴钢盔的作曲家。"

威尔第

《茶花女》
歌剧院中最受欢迎的作品

威尔第的三幕歌剧《茶花女》改编自小仲马的同名小说。1853年在威尼斯首演失败，但它很快就得到了全世界的赞誉，被认为是一部具有出色艺术效果的巨著。剧中音乐以细微的心理描写、诚挚优美的歌词和感人肺腑的悲剧力量，集中体现了威尔第歌剧创作中期的基本特点。

《茶花女》中女主角薇奥丽特的服装设计

《弄臣》
久演不衰的名剧

在歌剧《弄臣》中，威尔第创造了性格优柔寡断、内心感情变化多端的弄臣，风流花心、多情善变的公爵和纯真深情、富于诗意幻想的吉尔达三个不同的音乐形象。剧中的许多唱段都是世界名曲，第四幕中公爵的咏叹调《女人善变》，直到现在还经常被演唱。

歌剧《阿伊达》乐谱的扉页

《阿伊达》

抒情性和戏剧性并重的歌剧

　　威尔第的歌剧《阿伊达》描写了主人公阿伊达在爱情与复仇之间做出抉择时的复杂心态。该歌剧把大歌剧的英雄特点、音响的戏剧性结构、生动的人物刻画与丰富的旋律、和声及乐队色彩有机地融为一体。当时，这部歌剧因抒情性与戏剧性并重的特点，在欧洲乐坛引起了强烈的反响。

老约翰·施特劳斯

"圆舞曲之父"

　　奥地利作曲家老约翰·施特劳斯，由于创立了维也纳圆舞曲的优美形式，被尊为"圆舞曲之父"。他一生共写了152首圆舞曲，旋律清新动人，使这种体裁的音乐跳脱低俗、俚曲的框架而流行于维也纳社交圈。他虽以圆舞曲奠定自己在乐坛的地位，但最著名的作品却是《拉德斯基进行曲》，这是每年维也纳新年音乐会上必定演出的曲目。

小约翰·施特劳斯

"圆舞曲之王"

　　小约翰·施特劳斯是老施特劳斯之子，是奥地利小提琴家、指挥家、圆舞曲及维也纳轻音乐的作曲家。他的创作以120多首维也纳圆舞曲著称，被后人称为"圆舞曲之王"。他在创作中，以民间舞曲的节奏和表现手法为依据，旋律酣畅，节奏自由，音乐语言真挚而自然。代表作品《蓝色多瑙河》被誉为奥地利第二国歌。

小约翰·施特劳斯

《蓝色多瑙河》

"充满爱国热情的合唱圆舞曲"

　　《蓝色多瑙河》原名为《在美丽的蓝色多瑙河》。奥地利作曲家小约翰·施特劳斯作于1876年。乐曲为典型的维也纳圆舞曲结构，旋律流畅，形象鲜明，乐队配器非常新颖。后来施特劳斯将这首合唱改写成管弦乐作品，演出后获巨大成功，并被誉为维也纳圆舞曲中的经典之作。

勃拉姆斯

勃拉姆斯

德国古典乐派最后一位作曲家

　　勃拉姆斯是一位创作与演奏并重的作曲家。他的作品兼有古典手法和浪漫精神，极少采用标题。交响作品多模仿贝多芬宏大的气势，而且表现细致，情绪变化多端，时有牧歌气息的流露，但仍保持着自己的特点。他重视奥地利民歌，曾作有90多首改编曲，所作形式繁多的重奏曲提高了室内乐的地位。他的作品成为继贝多芬之后西欧交响音乐的杰出典范。

圆舞曲作品《蓝色多瑙河》的扉页

《匈牙利舞曲集》的封面

《匈牙利舞曲》

勃拉姆斯最广为人知的乐曲

勃拉姆斯借用了吉卜赛音乐的旋律，加以编辑、整理，创作了21首《匈牙利舞曲》。虽然每一首乐曲的旋律和风格不尽相同，却都混合着匈牙利民族音乐和吉卜赛民族音乐的特色：节奏自由，旋律有各种各样的装饰，速度变化激烈，带有一定的即兴性。其中第五号匈牙利舞曲是勃拉姆斯所有作品中最为流行的一首，其粗犷而豪放的旋律给每一位听众都留下了深刻的印象。

三 "B"

在德国音乐史上，人们时常把勃拉姆斯同巴赫、贝多芬相提并论，把他们比作三个主要支柱，即根据巴赫（Bach）、贝多芬（Beethoven）和勃拉姆斯（Brahms）姓名的第一个字母总称为三"B"。

比才

伟大的戏剧音乐大师

法国作曲家比才是浪漫乐派的代表人物。在他的作品中现实主义得到深化，社会底层的平民小人物成为作品的主角。在音乐中，比才把鲜明的民族色彩、富有表现力的生活描绘，以及法国的喜歌剧的表现手法熔于一炉，创作出了代表19世纪法国最高成就的歌剧。

比才

《卡门》

上演率最高的歌剧

《卡门》是比才创作的歌剧，改编自法国作家梅里美的同名小说。剧中，除了绚烂奔放的优美旋律、划时代的写实风格外，原著小说中动人的情节、激昂热烈的情绪以及深刻的人性刻画，也是使歌剧《卡门》出色的重要因素。歌剧中那些著名的曲段如《斗牛士之歌》、管弦乐《卡门序曲》，都是脍炙人口的名曲。

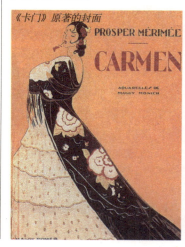

《卡门》原著的封面

柴可夫斯基

柴可夫斯基

俄罗斯历史上最伟大的作曲家

柴可夫斯基是俄国作曲家。他的音乐基调建立在民歌和民间舞蹈的基础上，乐曲中呈现出浓烈的生活气息和民间特色。强烈的民族意识和民主精神贯穿着柴可夫斯基全部的创作活动，他主张音乐的美是建立在真实的生活和深刻的思想基础上的。因此他的作品旋律优美，通俗易懂，又不乏深刻性，他是一位擅长以音乐描绘心理活动的大师，他的音乐是社会的真实写照。

俄罗斯民间故事中的天鹅公主

《天鹅湖》

　　《天鹅湖》《睡美人》和《胡桃夹子》并称为柴可夫斯基的三大芭蕾舞曲，《天鹅湖》更是最受欢迎的作品。被魔法师变成天鹅的公主在湖边与王子相遇，倾诉了自己的不幸，告诉王子只有忠贞的爱情才能使她摆脱魔法。王子在众天鹅的帮助和鼓舞下，与魔法师进行了不懈的斗争，天鹅公主终于恢复了人形。这部作品的音乐如梦似幻、如歌如诗，优美的旋律中，又带有少许的忧郁情调，充满了柴可夫斯基的音乐特色。舞剧的音乐部分共有29曲，柴可夫斯基从中选出六曲编成《天鹅湖组曲》。这部充满诗情画意和戏剧力量的舞剧音乐是作者对芭蕾进行重大改革的结果，是舞剧发展史上一部划时代的作品。

1893年《悲怆交响曲》首演的音乐厅内景

《悲怆交响曲》

"天鹅之歌"

　　《悲怆（第六）交响曲》是柴可夫斯基所有交响曲作品中最著名的一部，也是他生前最后的一部作品，被人称做"天鹅之歌"，意味着天鹅临死前最美的歌。而"悲怆"这个标题，是柴可夫斯基在作品完成后，再考虑加上去的。乐曲中，作曲家用音乐概括了"生与死"这个深刻宽泛的内容，表达出了人生深刻的悲剧性。

马勒

现代音乐会演出模式的缔造者

　　马勒是奥地利作曲家、指挥家。马勒的作品发展了维也纳古典交响乐的传统，多取材于民间音乐，主题起伏跌宕，气势磅礴，结构宏伟，规模庞大，其中《第八交响曲》有"千人交响曲"之称。马勒的多数作品都加入了人声合唱。在指挥方面，马勒是现代音乐会演出模式的缔造者。

马勒

浪漫主义音乐的卓越成就	
舒伯特	舒伯特创新的艺术歌曲将诗和音乐密切地结合起来，谱出了富于个性、表现自由的歌曲。
帕格尼尼	凭着他那不可思议的技巧与独特的演奏法，呈现出极为华丽的琴声，被人称为"鬼才"。
韦伯	韦伯创立了德国民族歌剧。
柏辽兹	《幻想交响曲》确立了"标题音乐"，标题音乐是浪漫主义音乐所特有的代表性曲式。
施特劳斯父子	经过施特劳斯父子的共同努力，使得圆舞曲这种民间音乐形式变得雅俗共赏。

民族乐派

进入19世纪中叶，在东欧、北欧一些国家，出现了一批致力于振兴本民族音乐的作曲家，他们的作品以反映本民族的历史和人民生活为题材，具有强烈的爱国主义精神和深厚的民族感情。作品多从民间传说、神话或文学中吸取营养，大量地运用民间音乐素材，具有鲜明的民族风格。这些作曲家被称为民族乐派作曲家。

想一想：为什么说民间音乐是民族乐派作曲家的深厚土壤？

俄国音乐家鲍罗丁的墓碑

鲍罗丁

富有东方味道的音乐家

鲍罗丁是俄国作曲家、化学家。他的音乐创作活动始于19世纪50年代，是新俄罗斯乐派的重要成员。鲍罗丁的创作吸取了俄国多民族民间音乐的丰富素材，以雄浑的史诗性和深刻的抒怀性，反映了俄罗斯民族的豪勇性格和广阔胸襟。他的作品数量不多，但在歌剧、交响乐和室内乐方面都创作出了典范性的作品。

《伊戈尔王子》

俄国历史上最辉煌的歌剧

这是鲍罗丁创作的一部体现古代俄罗斯宏伟历史画卷、抒发爱国主义精神的四幕歌剧，有着最盛大的歌舞场面。这部歌剧是最强烈地发挥鲍罗丁创作个性的一部作品，作曲家去世前只完成了一部分。其中的《鞑靼人舞曲》雄劲有力，具有极为强烈的东方色彩。

斯美塔那

近代捷克民族乐派的创始者

斯美塔那是捷克作曲家。他的早期创作主要是一些波尔卡，这些乐曲与肖邦的马祖卡一样，是把民间舞曲艺术化了的诗情小品。斯美塔那后期的创作是对民间舞曲的一种改革，并不采用民间原有的曲调，而是根据它们的特点，创作出了具有鲜明的捷克风味和民族性格的音乐。

《被出卖的新娘》

捷克民族文化复兴的象征

这是斯美塔那创作的三幕歌剧，是捷克民族歌剧的典范。在这部作品中，斯美塔那把民间音乐、民间生活和主题思想、人物性格紧密结合起来，使该歌剧充满了机智幽默、明朗生动、欢欣喜悦的情趣。全剧贯穿着民间歌舞，管弦乐渲染了农村的气氛，旋律具有浓厚的民间音调，富于民族色彩。捷克人民把这部歌剧看做是民族文化复兴的象征。

德沃夏克

捷克的民间风俗画家

捷克作曲家德沃夏克的创作以曲调优美隽永、和声丰富多彩、配器简洁生动著称。德沃夏克从民间曲调中吸取精华，形成了自己独特的带有民族特性的音乐语言。他的许多作品表现了祖国美好的大自然，再现了捷克民间的风俗生活画面，深深地印着作曲家的爱国热情和民族自尊心。

德沃夏克

《母亲教我的歌》
德沃夏克最著名的歌曲

这是德沃夏克歌曲集《吉卜赛之歌》中最著名的一首。这首歌曲后来被改编为小提琴、大提琴等乐器的独奏曲，以及管弦乐曲、合唱曲等形式。除众多器乐曲之外，德沃夏克还创作了不少歌曲，其中歌曲集《吉卜赛之歌》被认为是他歌曲创作的顶峰。

格里格

格里格
挪威民族乐派的代表人物

格里格是挪威作曲家。他通过对民族历史的歌颂，对祖国大自然和民间生活的艺术感受，创作出了具有挪威民族特色和浓厚乡土气息的音乐。在格里格的创作题材中，最突出的是以音乐表现了北国挪威壮丽俊秀的自然风貌、农村山区的民间生活和童话传说中的奇幻形象。格里格一生的创作实践，为挪威民族音乐的发展作出了很大贡献，对后来的民族作曲家也起了典范作用。

《彼尔·英特》首演剧照

《彼尔·英特》
绚丽多彩的幻想音乐

格里格曾为易卜生的诗剧《彼尔·英特》写过23段音乐，后来选出八首重新配器，分别编为两部管弦乐组曲，成为脍炙人口的世界名曲。这是一部幻想之作，以象征、寓言的手法写成，讴歌了淳朴、自然的生活理想。作曲家为诗剧写了一系列充满诗情画意、色调丰富的配乐，而在一些有着异国情调的音乐片断里，由于绚丽多彩的配器色调而独具魅力。

《挪威农民舞曲》
挪威大自然的神话世界

最能代表格里格创作特点的是以《挪威农民舞曲》为代表的钢琴抒情小品，在这些作品里，通过民间音调和精细的艺术提炼，把挪威的大自然和民间生活乃至神话世界，都描绘成一幅幅色彩瑰丽、风格质朴的音乐水彩画。在民族风格的探索上取得了丰富的经验。

里姆斯基－科萨科夫
"最最名副其实的艺术家"

里姆斯基－科萨科夫是俄国作曲家、教育家、指挥家。他以浓厚的民族感情创作出的音乐独力维持着俄国民族乐派的发展。他的创作以歌剧和交响乐为主，题材大多取自历史、文学和民间神话传说。音乐以俄罗斯民歌为基础，同时汲取了东方民族音调，既具有鲜明的俄罗斯民族特征，又散发着异国风味。他的交响音乐创作都具有标题性、叙事性和音画式的倾向。里姆斯基－科萨科夫的音乐多以艳丽的旋律和配器，描绘风俗景物和神话境界而著称。柴可夫斯基称他是"最最名副其实的艺术家"。

里姆斯基－科萨科夫

歌剧《天方夜谭》的故事插画

《西班牙随想曲》

"乐器法中的宏伟杰作"

这是一首音响色彩丰富、技巧绚烂的管弦乐曲，也是里姆斯基－科萨科夫作品中广为流传的一首。作曲家把西班牙民间歌曲、舞曲作为音乐素材，通过精湛华丽的配器手法，充分渲染了光彩照人的南国大自然的风光和西班牙人民的生活图景，以及富于诗意的音乐故事。

歌剧《五月之夜》的封面

《天方夜谭》

东方旋律之美

《天方夜谭》是里姆斯基－科萨科夫最著名的俄罗斯标题交响音乐的杰作，以阿拉伯民间故事为题材。作品以小提琴演奏的艳丽的旋律塑造了美女舍赫拉查达的鲜明的形象。全曲洋溢着东方旋律的美，第三乐章开头出现的弦乐器流畅的旋律，极富于东方色彩，是全曲的精萃。

《五月之夜》

音乐多变的民间生活歌剧

这是里姆斯基－科萨科夫受到果戈理同名小说的启发写成的歌剧。在这出歌剧中，农民世界的习俗、迷信，都用典型的俄国式幽默来处理，使得音乐极为多变。作曲家在谱写《五月之夜》的音乐时，利用传统民谣加上清淡的乐团伴奏，以及粗俗轻快的舞蹈和神奇、灵异的鬼魂出现来表现战栗效果。

西贝柳斯

"芬兰民族之魂"

西贝柳斯是芬兰作曲家。芬兰丰富的神话和民谣遗产在西贝柳斯之前已有其他当地作曲家先后依之谱曲，但是到了西贝柳斯时才真正有系统地加以开发，并运用在他的交响诗作品里。这类作品包括依据芬兰史诗《卡列法拉》谱写的《传奇》和志在激发民族意识、以反抗沙皇暴政的《芬兰颂》，西贝柳斯以这两部杰作，成为国际最著名的芬兰民族音乐作曲家。

《芬兰颂》

芬兰第二国歌

《芬兰颂》作于1899年，是西贝柳斯最著名的代表作。《芬兰颂》是一部具有广泛国际声誉，为世界各国交响乐队经常演奏的名曲。乐曲以严峻深沉的引子开始，引出抒情悲叹的主题，随着音乐的发展，情绪趋向高昂，充满战斗的激情；最后以充满信心的辉煌壮丽的尾声结束。这部作品把芬兰人民的民族苦难、战斗意志和必胜信念熔于一炉，是芬兰民族精神的象征，被视为芬兰的第二国歌。

巴尔托克

巴尔托克
"比较音乐学"的奠基人

巴尔托克是匈牙利作曲家、钢琴家。他收集大量富有生活气息的农民音乐，分门别类加以整理提高，不但把它们改写成适合钢琴和其他乐器演奏的曲调，而且还把传统音乐的旋律、节奏和结构要素与农民音乐混合起来，形成充满民歌气息的作品。他的大多数音乐风格节奏活泼、纯净，一些作品有动力性很强的节奏。

歌剧《蓝胡子城堡》中蓝胡子大公的造型

《蓝胡子城堡》
用流利的匈牙利语言歌唱

《蓝胡子城堡》是巴尔托克创作的一部以男女歌手对唱为中心的独幕歌剧。这是一部以象征性的古老童话情节和匈牙利的叙事曲融合而成的作品。它以本国语言特殊的抑扬顿挫，构成和声及力度，有很强的民族特色。曾有人评论这部作品说："从头到尾，都是用流利的匈牙利语言在歌唱。"

"强力五人团"

以民族音乐作为素材，明显地展示民族性的音乐音乐运动在俄国蓬勃发展，产生了"俄国民族乐派"。而这个民族乐派的成员共有五位，称为"强力五人团"。

巴拉基列夫

穆索尔斯基

里姆斯基－科萨科夫

鲍罗丁
A.P.Borodin
1833～1887

鲍罗丁是著名的化学家，也是极优秀的天才作曲家，擅长把感情融入旋律之中，表现出浓厚的东方俄式色彩。

居伊
C.A.Cui
1835～1879

就作曲而言，他是五人组中天分最低的一位，虽然著作很多，却只有一首《东方曲》较好。他的特长在于音乐评论。

巴拉基列夫
M.A.Balakirev
1837～1910

他是"五人团"的领导者，也是第一位以交响曲的形式表达民族音乐的作曲家。俄罗斯音乐正是在他的大力推动下，有了一个全然不同的风貌。

穆索尔斯基
M.P.Mussorgsky
1839～1881

他是一位自学有成，独具创见的乐坛怪杰，乐曲的旋律常反映出东方色彩，企图打破西方传统的和声法则。

里姆斯基－科萨科夫
N.A.Rimsky－Korsakov
1844～1908

里姆斯基－科萨科夫是"五人团"中最年轻的一位，也是成就最卓著的一位。他是俄国音乐的背叛者。

《奇异的满洲大人》
标志巴尔托克向现代主义转变的歌剧

巴尔托克的这部歌剧标志着作曲家音乐风格的根本性转变，通过这部作品，巴尔托克开始跨入现代主义的领域。这部歌剧所用的音乐语言，是巴尔托克全部作品中最前卫的，其中暴乱的不和谐和声、独特的节奏运用是他全部作品中所仅见的手法。

歌剧《奇异的满洲大人》中的人物造型

现代主义音乐

现代主义音乐泛指19世纪末、20世纪初直到今天的全部专业音乐创作。现代主义音乐全面突破了以前的音乐传统，在节奏、旋律、和声等方面大胆创新，增加了音乐的刺激性和紧张度，制造出了新颖的音色效果。

想一想 现代主义音乐出现了哪些流派？

德彪西

德彪西

印象主义音乐的创始人

德彪西是法国最富于创造性的印象派作曲家。他的音乐较少激情与文学性的叙事，常借助标题和丰富的音色变化引起联想，更多的是晦色的暗示。他的音乐有绘画般的光色变化，更给人一种飘忽朦胧、琢磨不定的感觉。他创新了和声与旋律，在他的音乐中，色彩、音色与节奏的重要性绝对不亚于和声与旋律。经过德彪西创新之后，音乐创作就不再被既定规则所限制，改革风气从此一发不可收拾。

《牧神的午后序曲》

"德彪西的第一颗管弦乐定时炸弹"

这首交响诗是德彪西的第一部具有代表性的印象主义作品，德彪西通过这一音诗而开创了一个新的时代。这首乐曲是受法国象征诗人马拉梅的著名诗篇《牧神的午后》启发而写的。整个音乐使人感到波光粼粼，阳光明媚，牧神昏昏欲睡，梦境般地消逝在稀薄的空气之中。这首乐曲的成功为印象乐派树立了典范。

芭蕾舞剧《牧神的午后》演出海报

《儿童乐园》

"给我最宝贝的爱玛"

这是德彪西的钢琴曲集。在乐曲的开头，他写道："下面这首曲子，是父亲的心声，给我最宝贝的爱玛。"在乐曲中，德彪西的幽默、轻妙、俏皮和对童年的追忆，都巨细无遗地展露出来。《儿童乐园》包括六首小曲，生动地刻画了儿童天真可爱的样子，洋溢着温馨的亲情。其中《小牧童》这支曲子里洋溢着优美牧歌的东方趣味，调性与和声充分表现出印象主义的特征。

拉威尔

拉威尔

管弦乐大师

拉威尔是法国作曲家。他的早期创作较多地体现了印象派和世纪末的思想。但他成熟时期的创作却更加严谨朴素，转而追求更明确的音乐语言，回到更古老、更纯粹的法国音乐传统，形成了所谓"法国新古典乐派"，并用一些富有独创性的和弦语汇、管弦乐音色、主题和形象，以及大胆引进的爵士音乐因素等，丰富了当时法国的音乐。

《西班牙狂想曲》
西班牙精神的图画

拉威尔的这部作品是无与伦比的，它以如画般的手法描绘出浓郁的西班牙气氛和西班牙精神。西班牙作曲大师法里雅如此评价这部作品："这首狂想曲让人吃惊的是通过运用我们西班牙'流行'音乐的调式和装饰音型，它所表现出来的纯粹的西班牙特性丝毫没有被作曲家的自身风格所改变。"华美的弦乐、打击乐，强有力的节奏热情精力布满了画面。

斯特拉文斯基
风格多变的作曲家

斯特拉文斯基是俄国作曲家，他早期的三部芭蕾《火鸟》《彼得鲁什卡》《春之祭》，使他在巴黎一举成名。这三部芭蕾至今还是最受欢迎的作品，有着浓厚的俄罗斯风格，其中强劲有力的节奏，更成为斯特拉文斯基终身的艺术标志。斯特拉文斯基的音乐风格多变，不同时期的作品显示出现代各个音乐流派的特征。

格什温

格什温
美国音乐的代言人

格什温是美国最优秀的作曲家之一，一生活跃于百老汇舞台及好莱坞。格什温音乐的最大特色，就是汲取黑人灵歌及爵士音乐的节奏、音调与配器手法来创作交响曲及歌剧，并谱写了大量的流行歌曲、舞台乐剧、音乐喜剧等作品。格什温热衷于爵士音乐的创作，他与著名爵士音乐指挥怀特曼进行一系列合作，创作了不少脍炙人口的爵士风格的严肃音乐。格什温最知名的代表作有《蓝色狂想曲》、歌剧《波吉与贝丝》等。

《蓝色狂想曲》
格什温最著名的乐曲

《蓝色狂想曲》是格什温最著名的钢琴协奏曲。其中主题的即兴式表达同交响性的发展有机地结合在一起，布鲁斯音乐的调式及和声因素、爵士音乐的强烈的切分节奏和滑音效果，都赋予这部构思独特的作品一种与众不同的色彩。

《波吉与贝丝》
唯一的美国民谣歌剧

《波吉与贝丝》是格什温根据海华德的小说《波吉》改编的歌剧。歌剧通过爵士乐和蓝调音乐表现了美国生活中的傲慢、偏见、痛苦和热情。这部作品不但是美国作曲家所完成最早，也是唯一的美国民谣歌剧。这种充满丰富旋律的歌剧，正是美式歌剧的先驱，因而获得了世人一致的肯定与极高的评价，同时也成为20世纪美国最伟大的民族遗产。

《波吉与贝丝》首演剧照

——绘画——
从远古到中世纪的绘画

·像艺术家一样思考·

西方绘画首先出现于旧石器时代晚期，题材以动物、人物为主，植物、手印和几何纹样也有极少几例。古希腊、古罗马时期是西方绘画史上极为重要的阶段。而漫长的中世纪绘画主要以宗教的形式展现在教堂的大窗子及墙壁上，画中人物表情痛苦，鄙视尘世，向往天堂，充满禁欲主义气氛。

想一想 人类开始绘画创作的动机是什么？

《宴乐图》
埃及绘画的杰作

这幅画所表现的是古埃及新王国时期欢宴的场面。画中裸露着身体的侍女正把茶点送到宾客面前。而贵妇人带着香气浓郁的头饰，互相传递着香莲花。宴会上还有角斗士、杂技艺人、说书人和舞女助兴。在舞蹈节目中，舞女或全裸着身躯，或身上吊挂各种装饰翩翩起舞。

《宴乐图》

《阿尔塔米拉野牛》
旧石器时代壁画的代表作

《阿尔塔米拉野牛》

阿尔塔米拉洞窟位于西班牙北部。这个洞穴中存有20多种旧石器时代的动物形象。《阿尔塔米拉野牛》是最早被发现的，被画在主洞的顶上，制作时间距今已有两万多年。画中野牛以赭红、黑、褐等颜色画出，形象生动而准确。这幅画无论是简单的轮廓还是多种色彩的运用，在绘画技巧上都是一大进步。

《狩猎图》
新石器时期的人物展现

新石器时期的岩画《狩猎图》位于阿尔及利亚，描绘的是一男子在追赶野兽。他一手持弓，一手拿箭，两腿跨开，飞奔向前。画作用赤褐色平涂人物，轮廓清晰，动作性大，在造型上明显地夸张了人物双腿，腿部占了人物构图的一多半。丰硕健美的双腿呈"一"字形，身体整体前倾，在显示了强烈的动势之外，还给人以稳定的感觉。

《戏牛图》
宫廷娱乐生活的缩影

这幅画出自希腊克诺索斯宫壁画遗址。这幅画的背景为天蓝色，一左一右两个白衣少女举着双手，一少年倒立于牛背之上。健壮的公牛造型极为夸张，拉长的变形身躯有极强的艺术感染力，笔法自由，非常有趣味。

《戏牛图》

爱神厄洛斯

贝列
娶了海神女儿的
凡人

西谛斯的姐妹

奎多斯
西谛斯准备化身的
海怪

沐浴中的西谛斯
海神的女儿

《贝列突袭西谛斯》

《手提捕获物的年轻渔夫》

米诺斯文明的写照

这是希腊锡拉岛上的阿克罗蒂里遗址中的米诺斯壁画，揭示了海洋对这个岛国文明的重要性。画中描绘一个年轻男子双手提着两串海鱼的情景。人体用赤褐色画出，形体表现准确，近似现代人。

《贝列突袭西谛斯》

雅典式古典风范

瓶画是古希腊人在陶瓶上绘制的装饰画，早在荷马时代就已出现。这幅画是以赤像式技法，在黑底上画红釉的浮像。内容是英雄贝列向海神的女儿西谛斯求爱，西谛斯不愿嫁给贝列，贝列趁西谛斯沐浴之际突然袭击。爱神厄洛斯在贝列的头上高举花冠，预告他的成功。

《女诗人像》

写实手法的探究

这幅画描绘一位少女正在拿着写字板和笔作吟诗状。她的姿势是当时庞贝城少女肖像壁画中常用的一种姿势：左手拿着一块写字板，右手拿着一支写作硬笔举到嘴边。整幅画面色彩变化柔和圆润，充分体现出庞贝艺术家惊人的写实技巧和细致入微的洞察力。

《女诗人像》

《最后的审判》

基督教教义的形象体现

这是一幅中世纪教堂的镶嵌画。内容表现的是在基督的审判下，罪恶的灵魂被贬入地狱，遭受火刑之苦。中世纪是基督教的时代，基督教的教义在教堂的壁画中被转化成可以目睹的形象。画中的人物显得异常呆滞、僵化，但由于中世纪的艺术家们并不模仿对象，所以他们的作品另有一番动人心魄的力量。

《最后的审判》

《逐出伊甸园》

早期人体绘画的杰作

《逐出伊甸园》是中世纪尼德兰的林堡兄弟的代表作。画面表现了天、水之间的圆形伊甸园。画中描绘了原罪的故事情节：夏娃在蛇的诱惑下偷食智慧果；夏娃把智慧果递给亚当；上帝正屈指数落、降罪；最后亚当、夏娃被逐出伊甸园。此画堪称为15世纪初人体绘画的杰作。

文艺复兴时期的绘画

·像艺术家一样思考·

文艺复兴时期的绘画大致可分为早期和兴盛期两个部分。早期绘画兴起于意大利，以佛罗伦萨为中心。该时期作品风格雄伟、秀丽各有所重。兴盛期绘画的中心转移到了尼德兰与德国，像杨·凡·爱克兄弟、康平等都是这一时期的杰出画家。他们的艺术影响了欧洲美术史的进程。

想一想 文艺复兴时期的绘画在造型艺术上有何创新？

契马布埃作品《钉刑图》

契马布埃

早期文艺复兴艺术的开拓者

契马布埃是13世纪意大利最杰出的画家。他发现了少年乔托的绘画天赋并收其为徒。契马布埃曾在罗马短住，并受到当时壁画家与镶嵌画家致力于让作品展现自然风格的影响。他强调作品的立体感和色彩自然，他的作品风格介于拜占庭式与未来的意大利的形象画法之间。

《宝座圣母像》

文艺复兴的发轫之作

这是契马布埃的代表作之一。画中圣母的形象亲切动人，手势优雅；圣子和众多天使的眼中流露出柔和的表情。契马布埃重视人物情感的表现，从而超越了拜占庭圣像程式化的呆板。圣母端坐的宝座从形、色两方面被加强了立体感，运用透视法来描绘，摆脱了传统圣像画的平面感，表现出了画中人物的质感。

《宝座圣母像》

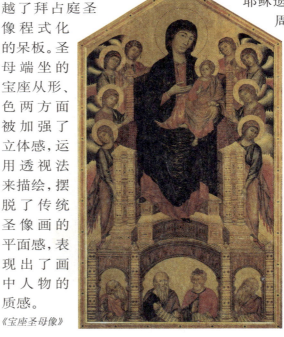

乔托
意大利绘画之父

乔托是意大利著名的画家、建筑家。他创作的壁画都是以圣经故事为主要题材，分布在罗马、佛罗伦萨等地的教堂。他在巴多瓦阿累那教堂创作的38幅连环壁画，描绘了圣母及基督的生平事迹，被誉为"14世纪意大利艺术的重要纪念碑"。他还设计了佛罗伦萨大教堂的钟楼。他是第一位使意大利绘画完全摆脱拜占庭画风、并走向现实主义的画家。

《哀悼基督》
绝望的哀悼

《哀悼基督》是乔托最重要的湿壁画代表作。这幅戏剧性浓厚、富有感染力的画作，主题集中在死去的耶稣遗体上。耶稣周围是一群绝望的女圣徒和使徒。背景是托斯卡纳山岩，但人物占据画面的绝大部分空间。乔托以一种纯真且全新的现实主义手法，让观者真实地感受到众人对耶稣的衷心敬爱和哀悼。

《三圣贤的朝拜》

马萨乔
15世纪佛罗伦萨的艺术巨匠

马萨乔是文艺复兴绘画革新的奠基人。他继承并发展了乔托的现实主义传统，以科学的探究精神将解剖学、透视学运用于绘画，色彩的运用比乔托更进一步。他所作的宗教题材人物画能抓住人物性格特征。此外，他的作品又以宏大的尺度感、严谨的构图为意大利文艺复兴盛期的艺术风格建立了雏形。

马萨乔

法布里亚诺
国际哥特式壁画的集大成者

法布里亚诺是锡耶纳画派代表人物。他从小随当地无名画家学画，与北部意大利尤其是伦巴第的国际哥特式有过接触。在他绘制的《圣母戴冠》中，那种富有旋律的线条、华丽的金底、细腻的手法和优雅的人物，形成了他艺术的特点。

《三圣贤的朝拜》
国际哥特式绘画的杰作之一

这幅画是法布里亚诺早期代表作之一。该画描绘了耶稣降生后东方三博士前来朝拜的场面。画中远处有人马队伍，近景的大队人马已随三圣贤涌入画面中央；左边是参拜圣婴的场面。在主画的下面，中央是《逃亡埃及》，左面是《基督降生》，右面是《宫参》场面，并且都注重平面透视的深度感。

《圣母圣婴和天使》
文艺复兴时期的现实主义力作

马萨乔的这幅画带给我们一种温馨宁静感。玛丽亚的脸普通但充满慈爱；圣婴很可爱地拿着葡萄在嘴里吮吸，葡萄象征了基督后来的受难。预知儿子将来的命运，圣母的目光流露出丝丝忧伤。同时，画家运用了从左上方照射下来的光线，使宝座具有一种真实的空间感。

《圣母圣婴和天使》

湿壁画

湿壁画是欧洲文艺复兴时期就有的作画技巧，是将灰泥浸泡水中一年以上，再取出用以涂底，且必须在灰泥未干之前上色，上色的时间有限，需要有极纯熟的作画技巧。但此画法不易褪色，可保持原色两三百年之久，具有永恒性。许多欧美画家都用于公共建筑的壁面。乔托、马萨乔都曾有杰出的湿壁画流传于世。

安吉利科
文艺复兴时期的僧侣画家

安吉利科是意大利文艺复兴时期杰出的宗教画家，教名为吉多·迪·彼得罗。由于他擅长表现纯洁的天使，因而被人们称为"安吉利科"（即天使之意）。他的画风简单而直率，色彩明亮。他的绘画目的在于推行教化，他经常在修道院里从事壁画与圣像画、祭坛画的制作。代表作主要有《圣告图》《受胎告知》。

《受胎告知》

《受胎告知》
圣洁的诗意美

这是安吉利科最具代表性的作品之一。画家在这幅画里想要强调谦逊温和的圣母与美丽年轻、长着一对翅膀的天使的形象。画中人物被置身于一座罗马式拱券结构的建筑物里。从画中的拱门可以看出画家对透视法的出色理解。整幅画面构图简洁，色彩淡雅明快，笔触流畅细腻，尽管人物画得相当平板，却显得安详宁静，让人感受到一种优美抒情的诗意。

《圣罗马诺之战》

乌切洛
佛罗伦萨画派的杰出画师

乌切洛是意大利文艺复兴时期对透视学进行科学研究的奠基者之一。他注重写生，善于研究植物、野兽、飞禽，被人们称为"乌切洛"（即飞禽之意）。他画的英国将军霍克伍德骑马的壁画像，至今仍保存于佛罗伦萨主教堂里。在他以《圣罗马诺的战役》为题的作品中可以看出透视学的影子。

乌切洛作品《乔凡尼·阿库托纪念碑》

《圣罗马诺之战》
记录城邦战争的画作

乌切诺的这幅画作描绘的是佛罗伦萨与邻邦进行区域性战争的一个场面。画家借这个题材来显示出透视在创造复杂空间时所能达到的程度。画中骑兵交战时的前后距离、地上丢盔落枪的透视位置、倒在地上的战士的透视缩短形象、背景与近景之间的透视距离，都被画家作为透视的研究对象。

多米尼科
擅用色调的大师

多米尼科是佛罗伦萨画派的重要代表画家。他出生于威尼斯，青年时代曾到佛罗伦萨研究马萨乔等画家的艺术。他善于在肖像画上处理光线，从不在人物脸上敷阴影，只用色调来调节各部分的空间感。多米尼科最有影响的作品是木板祭坛画《圣母、耶稣和圣者》，这幅画作的构图成为15世纪下半叶流行的宗教画形式。

《妇女侧面像》
表现美的特殊角度

这幅画是多米尼科的力作，描绘的是当时意大利新兴市民阶层的女性。她神态安详，造型秀美。画家选择了正侧面的角度，十分巧妙而生动地概括出外轮廓曲线，女子的面部略有明暗，衣裙用近于平面的装饰手法加以处理。作者以明丽的色彩、富于装饰趣味的手法表现出这位年轻妇女古典美的风韵。

《妇女侧面像》

弗朗切斯卡
最先创立文艺复兴的崭新样式

作为佛罗伦萨文艺复兴第二阶段的倡导者，弗朗切斯卡的作品可以与马萨乔媲美，而且有着一种宁静和谐的气氛和永恒的情调。他的作品以柔和平静著称，善于运用明快的颜色来处理空间关系，画面明确的轮廓又使他的作品带有装饰意味。晚年写出了《论绘画透视》和《论正确的形体》等论文。

《基督受洗礼》

《基督受洗礼》
宁静的圣礼

弗朗切斯卡这幅画描绘的是圣约翰在约旦河一带向贫民传道，鼓动人民接受洗礼。当约翰为耶稣施洗时，天空豁然开朗，有一鸽子形状的圣灵显现在天空中。画面中，乌尔比诺的小山丘为背景，衬托了前景中基督的身体，轻松优雅的背景与严肃沉静的人物形象使画面产生出一种绝妙的对比效果。

贝利尼
一位卓越的大自然画家

贝利尼是文艺复兴中威尼斯画派最著名的画家，也是一位热衷于写生的画家。他注意风景的描写，把自然景色诗意化，使作品充满宁静和淡雅的情调。贝利尼接受古典艺术的精华和东方艺术富丽堂皇的色彩，给画面最大程度的明快感。

《众神聚宴》
绿色的圣宴

该画出自意大利贝利尼，描写几十位希腊神话中的神祇在野外聚宴的情景。其中有牧羊神、酒神、河神……他们围在一起，喝着酒、吃着果。场面宏大，人物刻画准确，形象生动。背景用深绿色大树来衬托出众神们鲜明的服饰，整幅画面色彩润泽，具有东方艺术富丽的色彩。

《众神聚宴》

《哀悼基督》
现实主义绘画的力作

　　这是曼特尼亚的一幅祭坛画。曼特尼亚是意大利北方最重要的画家，画风雄浑有力。画中，作者运用了前人未曾用过的透视角度，准确而真实地表现了死去基督的遗体。画作线条锐利、坚硬，人物表情冷静肃穆，令人望而生畏。画作强调人的尊严和豪迈气魄。画家重视艺术与科学相结合的求实精神和再现自然的写实倾向，对意大利现实主义绘画起了一定的积极作用。

曼特尼亚作品《哀悼基督》

西风之神
西风之神杰彼罗将维纳斯吹拂上岸。

端庄的维纳斯
维纳斯面容娇羞而忧郁，长长的金发呈"s"形线条。

《维纳斯的诞生》

等候的林中仙女
仙女肩上有四季常青的花环，象征永恒的爱，腰间盛开的花朵呼应"诞生的主题"。

维纳斯的贝壳
贝壳在罗马象征权威，因此赋予了女神高贵和神圣。

香蒲
香蒲的纤长、柔弱与女神的身姿、长发相呼应。

《维纳斯的诞生》
文艺复兴精神的缩影

　　这幅画集中体现了波提切利的独到之处。画中的维纳斯被艺术家以美的形态表现出来，强调了她的秀美与清纯，特别是那潇洒飘逸的金发和逾越自然的人体比例，更使画面透露出一种浪漫主义的情调。这个维纳斯的形象一直被后世称誉。

佩鲁吉诺
意大利著名的壁画家

　　佩鲁吉诺是佛罗伦萨圣路加画家组织的一员，并师从于韦罗基奥，有深厚的人物造型功力，善于运用空间透视法。1481年他因和波提切利等大师一同参加西斯廷礼拜堂的装饰而获得声誉。他的作品在当时被人们看做是宗教艺术的顶峰。

波提切利
现实主义艺术道路的先驱者

　　波提切利是15世纪佛罗伦萨画派最后一位大师，意大利文艺复兴初期的画家。他所作的宗教画及以神话、历史为题材的寓意画，富有诗意和世俗气息，可说是当时画家中最有个人风格的一位。同时，他又极注重运用写实技法，在人体结构和透视画法上都达到了很高水平。

《圣母颂》
超越宗教意味的生活美赞歌

　　这是波提切利又一重要作品。画面充满诗情画意，人物形象细腻生动，人物间有着一种流动的情感交流。圣母侧身而坐，面容姣美安详，怀里抱着可爱的圣婴。圣母周围的人物安排极富节奏感，两边的天使举着皇冠要放在圣母头上，圣母右手拿笔蘸墨，左手轻抚圣婴。

《圣母颂》

《阿波罗与玛息阿》
金色的音乐

佩鲁吉诺的这幅画取材于希腊神话中林神玛息阿与阿波罗比赛音乐的传说。画面描绘的是城堡外的山庄，左边玛息阿坐在石上吹着笛，右边站着的阿波罗正在细细地听着那动人而优美的曲子。人体的安排一高一低富有韵律，色彩变化丰富，大面积地使用金色，使画面绚丽多彩，金碧辉煌。

《阿波罗与玛息阿》

《最后的晚餐》

《最后的晚餐》
达·芬奇最成熟的作品

这幅画是达·芬奇为米兰圣玛丽亚修道院餐厅所画的壁画。画面中心是耶稣，神态自若；而叛徒犹大捂着钱袋，半倾着身躯，掩饰不住他内心的诡诈。画家十分重视组织画面的整体结构和透视，他把一切透视线都集中在人物的头部，其他的人物分为几个组合，互相区别，又相互呼应。

米开朗琪罗
文艺复兴三杰之一

作为意大利文艺复兴的巨匠之一，米开朗琪罗以超越时空的宏伟大作在生前和后世都造成了无可比拟的巨大影响。他和达·芬奇一样多才多艺，兼雕刻家、画家、建筑家和诗人于一身。他历经了人生坎坷和世态炎凉，使他一生所留下的作品都带有戏剧般的效果、磅礴的气势和人生的悲壮。

达·芬奇
伟大的艺术巨匠之一

达·芬奇是意大利文艺复兴时期最负盛名的艺术大师、科学家、工程师。他追求将人类灵魂意图透过肉体的行动去表现。在绘画技法上创立了轮廓模糊法和空气远近法。在绘画理论方面，他把解剖、透视、明暗和构图的零碎知识，整理成为系统的理论，对后来欧洲绘画的发展影响很大。

《蒙娜丽莎》
最神秘的微笑

这是达·芬奇的著名肖像画作品，代表了画家的艺术思想。画面描绘了一位恬静端庄的妇人，充满着对生活的喜悦和信心。画家敏捷地抓住妇人一瞬间微笑的表情，表现出她微妙的心理活动，给观众以丰富的联想。这种甜美的艺术风格和文艺复兴时期对人性的歌颂以及对女性美的欣赏是完全一致的。

《蒙娜丽莎》

《杜利圣家族》
平凡的圣人

这是米开朗琪罗画作。画中描绘的是圣母、圣约瑟和圣婴基督，但这幅画上的三个宗教形象已经完全成为了民间生活的普通人物。画家把圣约瑟、玛丽亚表现在专注于圣婴的天伦乐趣之中。画面通过三个人物的组合，得到了和谐的、世俗化的体现，背景上还有几个裸体像，给人以亲切之感。

《杜利圣家族》

《创造亚当》
人类的赞美诗

《创造亚当》是米开朗琪罗为西斯廷教堂天顶绘制的巨画局部，描绘了上帝创造亚当的宗教传说。画中的亚当是一个健壮的裸体男青年，却缺乏应有的活力。当耶和华饱含精力的手指伸向亚当后，亚当左臂伸向上帝，似乎在惊天动地的一触间就要迸发出无穷的力量。这一主题体现了画家对人充满信心的人文主义思想。

《最后的审判》

《最后的审判》
复仇的基督

米开朗琪罗的这幅巨画位于西斯廷小教堂，它绘出了气势磅礴数以百计的真人大小的群像，并且全部采用裸体形象展示，体现了画家的人文主义思想。基督曾拯救过尘世，但尘世却拒绝了他。审判尘世的基督没有怜悯，只有公正、威严和至高无上的权力。裸露的人体与天空的灰蓝色调子相对照，使画面充满戏剧性的紧张气氛。

乔尔乔涅
意大利威尼斯画派的代表画家

乔尔乔涅师承贝利尼，画风受达·芬奇的影响，对16世纪的威尼斯绘画有极大影响。乔尔乔涅的作品，绝大多数都体现着人们对美的享受，而且他的色调用得也很得体。他的色彩运用和氛围烘托的技法，经提香发扬光大，成为威尼斯画派重要的艺术遗产。

《暴风雨》
山雨欲来的宁静

乔尔乔涅的《暴风雨》描绘的是在古代建筑遗址上，一位裸体少妇肩披长巾，怀抱婴儿哺乳，一个少年牧人在画面的另一个角落注视这个场面。画家力求表现出在遥远的天边暴风雨即将来临，而眼前则是溪水林木浸润着奇妙的光与色的景象，烘托出音乐般丰富而谐调的气氛。

《暴风雨》

洛托
流浪和孤独的画家

洛托出身在威尼斯的一个商人家庭，性格怪僻。他笔下的人物正直、孤傲，不为人们所亲近，好像作者的自画像。他的画风洗练，手法特殊，在写实中透出冷彻的感觉，在画面上隐现着苦涩的阴影。洛托喜欢采用强烈的光线，肖像画像一张"高调"的照片，具有细腻的明暗转折和柔和的光线效果。

《西斯廷圣母》

圣母玛丽亚
圣洁美貌的
玛丽亚略显
忧郁。

背景中的小
天使
无数小天使
的头像隐约
出现在天光
云气中。

罗马教皇西
克斯特
右手指向画
外，表示要引
领圣母。

小塔
芭芭拉身子背后
的小塔是她因禁
在牢狱塔的象征
物。

典雅的圣女芭
芭拉
她默默注视大地，
相信人类有望得
救。

天真的小天使
他们张着翅膀，
似乎在等待这一
奇迹的出现。

《西斯廷圣母》

具有崇高牺牲精神的母性形象

这是拉斐尔最成功的一幅圣母像：为了拯救人类，圣母将儿子送向人间。画家采用了较为稳定的金字塔形构图来铺陈这一场面：绿色帷幕刚刚揭开，圣母怀抱耶稣徐徐降临人间。教皇西克斯特正在迎接她。这幅画构图严谨，空间透视处理得极好，使观者产生一种和谐的幻觉。

《维纳斯和丘比特》

充满幽默感的画作

文艺复兴时期，以维纳斯与丘比特为题的作品，可谓数不胜数，但没有一幅能像洛托的这幅画一样让人惊讶。画中，爱神维纳斯身边环绕着象征婚姻忠诚与多子的信物。她右手举起一个长春花的桂冠，而丘比特正开心地将尿洒到女神身上。在画家所处的时代，一个撒尿的孩子预示着好运与顺利。

拉斐尔

赋予光线以生命的画家

拉斐尔的绘画艺术体现出深邃的人文主义思想，并赋予这种思想以巨大的表现力。他广泛吸收前辈大师和同时代画家的艺术成就，从而创立出自己独特的秀美、典雅、和谐、明朗的艺术风格。他运用世俗化的描写方式处理宗教题材，并且参用生活中母亲与幼儿的形象，将圣母抱圣婴的画像加以理想化。他被称为文艺复兴时期的"画圣"，与达·芬奇及米开朗琪罗并称"文艺复兴三杰"。

《椅上的圣母》

《椅上的圣母》

有着生活气息的圣母形象

这是拉斐尔所绘圣母像中十分著名的一幅。画中描绘出一位美丽、端庄、优雅的年轻母亲。她穿着通俗的衣服，还包着一块花格头巾，神情举止给人一种温柔、贤惠之感。法国画家安格尔曾这样评述："……拉斐尔所描绘的人物都是善良的。"

《维纳斯和丘比特》

《披纱巾的少女》
寻找西斯廷圣母的影子

这幅女子肖像是拉斐尔最理想的女性形象。画家在这里运用了极为丰富的绘画语言，充分发挥了色彩的表现力：少女安详而略含倩笑的脸庞，以及按在胸前的那只右手都刻画得十分细腻。华贵衣裙上的百褶纹与肌肤的色彩相辉映。由于画家以观察为基础，去掉了不必要的神秘色彩，增加了形象的真实感。

《披纱巾的少女》

柯勒乔
意大利文艺复兴盛期画家

柯勒乔早期是地方画派的重要代表。他在画风上创造了一种令人轻松愉快的情调，敢于描写肉感性的神话场面。前半生完成的作品多半是想象力丰富的天顶画，构图奇特，色彩强烈，给人以目不暇接的繁丽感。一些小型油画则造型精确、细腻，而且敢于省略细节或远景，突出主要形象，具有近代油画趣味。

《维纳斯、丘比特与萨提尔斯》

《维纳斯、丘比特与萨提尔斯》
女性神话形象的代表作

这是柯勒乔宗教画的力作，取材于希腊神话：牧神萨提尔斯趁维纳斯醋睡之际前去偷看。柯勒乔擅长于发挥丰富的想象，把离奇曲折的情节加以提炼，表现典型的瞬间。神话中的美人用裸体或半裸体加以表现，并被赋予人间美貌的特征，这反映了柯勒乔在女性裸体描绘上娴熟的技巧。

提香
善于运用色彩的大师

提香是意大利文艺复兴时期威尼斯画派最杰出的代表，人物风景无所不精，尤以色彩见长。他的作品都是通过对人的活动与性格的表现，来实现现实主义艺术的意义。提香的作品具有划时代的突破，有的提供新的发展方向，有的呈现出新的技巧或新的视野，使后人能得到无数的启发。

《酒神的狂欢》
人物的健美风格

在提香的这幅作品中，酒神与人们尽情狂饮，沉浸在一片爱的温馨之中。为了表现裸女形象，提香把人物放在优美的大自然之中。仰面卧躺着山林女神，那丰满柔润的身体像一朵盛开的生命之花，为酒神节注入了人性的欢乐。提香的裸女大都以圆润丰满来取悦欣赏者的视觉，有着独有的特色。

《酒神的狂欢》

《花神》
女性的赞歌

这一幅《花神》是提香在1515～1520年间的杰作，弗罗拉(即"花神")是意大利远古时所崇拜的司花女神，在罗马神话中是青春的象征。画家在这里创造性地把她描绘成一个庄重妩媚的民间少女形象。她身上的外套刚滑落，手上还捏紧衣服的一角，露出了洁白的古罗马式内衣。她神情典雅，肉体丰满，这种女性美带有牧歌式的情调。

《花神》局部

丁托列托
威尼斯画派最后一位大师

丁托列托是文艺复兴后期威尼斯画派最重要的画家，他在构图上善于在暗褐色的背景前使形象出奇制胜，用光与影的对比来强调激烈的人体运动，反映着16世纪下半叶，威尼斯社会思想的不安定。但丁托列托忽视了人物的心理刻画，丰富的想象力相对地冲淡了情节的真实性。尽管如此，他的探索对丰富后世的绘画手段仍有巨大的意义。

《浴后的苏珊娜和长者》

《浴后的苏珊娜和长者》
带有强烈暗示性的画作

丁托列托以熟练的油画技法，将苏珊娜以细腻、娇美的裸体形象展现出来，创作出意大利古典美的风格。晦暗的棕褐色背景，加强了裸女身上的柔和色调。画的左角树丛下，添画出鬼鬼祟祟偷看的老头，而在后景左边树丛边画了一个暗觑着的老人站像。这两个人物完全破坏了画面的整体情调，喻示着美的情景横遭亵渎。

变形手法

绘画中的变形手法是为了有意识地表现某物，而特地加以扭曲变形，以致使观者站在画家设计好的准确位置上，才有可能看出此物来。最简单的变形图像是从一面曲镜中所反射出来的图像，有时也会出现较为复杂的变形图。

杨·凡·爱克
调和色彩的大师

杨·凡·爱克与胡伯特·凡·爱克两兄弟是15世纪尼德兰的重要画家，他们的重要贡献在于对油画颜料的改革，把颜色与稀释油调和，使过去必须一次完成的蛋彩胶粉画彻底改变为近代油画。使用改革后的颜料可以多次敷色，易于涂改，画面的色彩为之大变，使色彩灿烂的绘画得以流传至今。

杨·凡·爱克的自画像

《阿尔诺芬尼夫妇像》

《阿尔诺芬尼夫妇像》
欧洲艺术中第一幅心理肖像画

画中的主人翁是被菲利普公爵封为骑士的阿尔诺芬尼和他的新婚妻子。作者扬·凡·爱克通过他们的动作、雍容的衣饰、舒适的环境以及主人翁脚下的叭儿狗等典型细节的刻画，将这对新兴资产者的生活情趣、内心世界揭示在观众面前。这一手法也使画面增加了空间感觉。

《画家夫人玛格丽特像》
冲破宗教桎梏的美

《画家夫人玛格丽特像》是扬·凡·爱克为妻子绘制的肖像画，以现实中的人物为题材作画在当时宗教题材绘画盛行的氛围中是相当少见的。画中的人物端庄俊美，头戴绣边的白头巾，面容透露出聪慧的神情，凝视的目光和紧闭的嘴唇表达出一种自尊自爱的精神。画面色调明快沉着，构图素雅朴实，体现了画家精湛的技艺。

康平
低地国家的祭坛画家

康平是尼德兰文艺复兴时期佛兰芒画师中著名的代表人物。他很注意远处的景物，所以近处的细节不如远处来得清晰，与人们的视觉规律相悖。对于他来说，画上事物不论远近，都是可视的，至于焦点视差等，他一概不予考虑。他注重生活与现实的描绘，使自己的绘画充满了生气。

康平代表作《授乳的圣母》

韦登
15世纪尼德兰的肖像画大师

韦登是康平最得意的弟子之一。他的才艺"青出于蓝而胜于蓝"，在宗教画上突破了长期受泛神论影响所形成的桎梏，进一步去揭示人物的真实精神，为尼德兰绘画的现实主义风格开辟了新的道路。

《十字架上的盗贼》
受拜占庭与哥特式风格影响的画作

在康平的这幅画中，两个旁观者的描绘已具有相当的写实风格，纯朴自然，充满同情心。风景的加入使画面产生了空间感，人体的结构及比例也比较精确。但康宾的画作仍带有浓厚的拜占庭式风格，尤其皮肤的起伏、伤口的破裂都有一种非真实的感觉，衣纹的处理也与当时流行的哥特式雕刻艺术的手法相似。

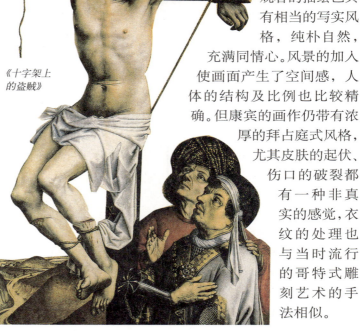

《十字架上的盗贼》

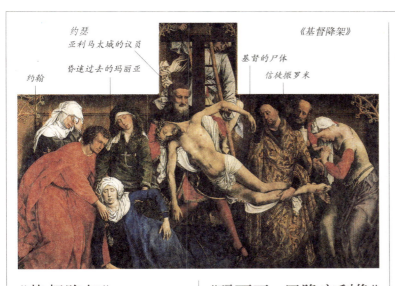

约瑟
亚利马太城的议员
昏迷过去的玛丽亚
约翰
《基督降架》
基督的尸体
信徒撒罗米

《基督降架》
极富肖像性的绘画杰作

这幅板上油画是韦登的代表作之一。图中描绘了耶稣被扶下十字架时所有人物的个性特征。斜垂下来的基督尸体、昏迷过去的玛丽亚、穿鲜红披风的约翰、穿皮袍的撒罗米等都分别构成对称。整个场面是按祭坛平面的"凸"字形安排的，是一幅对称美与对比性的杰作。

梅姆灵
以肖像画为主要成就的宗教画家

汉斯·梅姆灵是尼德兰文艺复兴时期宗教画的重要代表。他早期的祭坛画有着明显的晚期哥特式风格：人物画得较瘦，色调淳朴，人物的神色耽于幻想。但到后期，梅姆灵的一些肖像画与前期的作品迥然不同了，富有生气的现实主义肖像特征跃然画上，人物描绘得更加饱满。

《玛丽亚·巴隆塞利像》
梅姆林晚期肖像画的代表作之一

画家梅姆灵在肖像画中保持了鲜明的特色，他将人物的外形特征和精神状态统一优美地表现出来。画中玛丽亚·巴隆塞利正在室内祈祷，她那虔诚的目光显现出她当时的内心寄托，表达出虔诚信徒的精神面貌。画家用素描手段细致地刻画出她的面容和颈脖挂着的珠饰，以深黑色为背景来突出人物肖像。

《玛丽亚·巴隆塞利像》

博斯
影响近代新流派的画家

尼德兰画家博斯专画怪诞离奇的风俗画，所绘形象之诡异，情节之诙谐，隐喻之高深，使今天的画坛还议论不休。他受当时尼德兰著名人文主义思想家伊拉斯谟进步思想的影响较深，在反异族侵略与反封建斗争中，表现了自己反抗性的一面。近代的许多新流派绘画都从他荒诞不经的绘画中受到了启发。

《乐园》局部

《乐园》
表现"地上不贞洁的罪恶"的画

这是博斯三联式祭坛画《乐园》的中幅，是由快乐的裸男女、矿物植物合成的幻想建筑物、怪鸟珍禽与珍贵的热带动物所构成的画面，在当时可谓十分特异。画面为左右对称式结构，同时又以河水为间隔，由下而上分成了近、中、远三个景区。这一构图形式使整个画面既光怪陆离又不致杂乱无章。

勃鲁盖尔
16世纪尼德兰最后一位画家

勃鲁盖尔是尼德兰著名的农民画家，创作了很多反映农民生活和尼德兰人民反抗西班牙统治者的作品，因此被称为"农民的勃鲁盖尔"。勃鲁盖尔的绘画继承了传统的细密画形式，构图紧凑，人物画得较小但浑圆质朴。在表现农民形象时，总有几分夸张，将他们的形象塑造得诙谐有趣。

《巴别塔》
1563年，勃鲁盖尔移居布鲁塞尔，同年，他便创作了这幅寓意深刻的杰作《巴别塔》。

《农民的婚宴》
静穆的思考

勃鲁盖尔常和朋友一起参加农民的节日活动和婚礼。《农民的婚宴》就是表现他参加农民婚宴的一个场面。宾客们脸上并没有欢乐情绪，比较静穆，坐着的和站着奏风琴的农民都不够俏皮。画家似乎隐喻这些善良的农民对于世事、对于宗教事件持一种静观的态度，反映了人们内心的警觉状态。

丢勒
像达·芬奇一样的时代巨人

丢勒是德国文艺复兴中最伟大的代表者，是意大利文艺复兴的形式和理论在北欧流传的主要传播者。其作品包括版画、油画、素描和美术理论方面的著作，其中版画最具影响力，作品遍及西欧各地，连意大利也受到影响。作为自画像之父，他是欧洲第一位为自己的容貌和身份所吸引的画家，成为伦勃朗的先声。

《1848年的自画像》
浪漫的自画像

在这幅画上，丢勒扮成一位举止潇洒、受人爱慕的青年骑士模样。他内穿白色百褶紧身衣，外穿紧袖外套，头戴软缎便帽，肩上披着褐色斗篷，这是德国当时最时髦的青年装束，而稀疏的胡须使他显得老成持重。窗外似乎可以看到夏日的风光。这幅画被丢勒描绘得十分逼真传神。

《1848年的自画像》

《老人与妓女》
不和谐的乐章

此画又称为《不相称的伴侣》，是克拉纳赫的代表作之一。克拉纳赫是德国画家，擅画风景，风格朴拙。画中两位人物几乎填满整幅画面，老人红色的胡须和妓女洁白的皮肤由深黑色背景来衬托。画面的主题生动地表现了现实生活中不和谐的一幕。

《老人与妓女》

霍尔拜因
冷静客观的肖像画家

霍尔拜因是文艺复兴时期德国画家。他所作的肖像画轮廓清晰准确，宗教画和雕版画都充满现实主义精神，画面明快雄伟，构图气势宏大。他还作了许多巴塞尔市民画像，这些肖像画都以性格真实、素描严谨、色彩饱满而著称。霍尔拜因在他的画像中经常强调表现人物内在的美、信念和活力。

蓬托莫的代表作《基督下棺》

蓬托莫

狂热的信徒

蓬托莫是最早的意大利样式主义代表，佛罗伦萨的著名画家。他对达·芬奇、米开朗琪罗等大师的作品推崇备至，并在其中寻找创作灵感，但渐渐游离自然。蓬托莫的作品显得有些荒诞，但却充满激情与躁动。早期作品尚带有对文艺复兴美术的眷念。

布龙齐诺

盛装肖像画大师

布龙齐诺是意大利样式主义的代表画家，也是样式主义盛装肖像典范的创造者之一。他的作品素以笔法精致、感情冷漠、色彩刺目著称，擅长富丽堂皇的布局，并赋予所描绘的人物细腻的贵族气派，在理想化中又保持人物的个性特征。所作画面具有动感，并表现出紧张不安、富于热情的反宗教改革心态。

《爱的寓意》

胜利的寓意

布龙齐诺的这幅画以维纳斯女神为主题。布龙齐诺心目中的维纳斯介于人间与天堂之间。维纳斯享有神的吻、丘比特的欢笑；主宰之神在她的头上控制了一切，而周围的女神各有姿态，有超然的，也有世俗的，既有和平鸽，也有毒草。画面色彩华丽，充满温柔与稳定的情趣，使人看来有似真似幻的感觉，是样式主义画作的典型。

样式主义

指流行于1520年至1600年间的意大利艺术，又称风格主义或矫饰主义。样式主义轻视自古典艺术到文艺复兴时期所建立的艺术"规矩"，坚持以人物为优先考量，而对人物以紧张，或故意扭曲拉长、夸张的肌肉效果为主要表现。主题常是局限一隅或退至背景，强调技法的花样。样式主义偏好富于变化且鲜艳的色彩，后逐渐被巴洛克艺术所取代。

《爱的寓意》
象征嫉妒　真理女神　丘比特　维纳斯　鼠身女孩代表的欺骗神　游戏神　时间之父

17 世纪巴洛克绘画

巴洛克绘画产生于 16 世纪下半叶，兴盛期于 17 世纪，而很多人又把 17 世纪称为巴洛克时代，这一时期的作品充满了动势和戏剧性的光影及色彩。巴洛克艺术诞生在罗马，然后以此为中心散布到整个欧洲及美洲，形成了一种热情洋溢地赞美人生欢乐的、色彩丰富、运动感强的风格。

想一想 巴洛克绘画有什么特点？

《宙斯与赫拉》

"真实的神话"

卡拉齐是 17 世纪意大利著名的画家，也是这时期成就最突出的画家。卡拉齐的这幅画取材于希腊神话。裸体的赫拉来到了宙斯的床头，含情脉脉。躺在床上的宙斯把右手搭在赫拉的肩上，左手抱着她的大腿，两眼凝视着，似乎要把赫拉拥抱在怀中。宙斯身材魁梧，赫拉纤细窈窕，造成了一定的视觉对比。画作体现了卡拉齐所提倡的学习古典及文艺复兴大师的原则。

《宙斯与赫拉》

《掠夺琉西波斯的女儿们》

《掠夺琉西波斯的女儿们》

"运动"的画

鲁本斯是佛兰德斯画家，画风受文艺复兴影响很大。画中描绘众神之主宙斯与丽达所生的一对孪生子劫夺迈锡尼国王两个女儿的故事。图中四人两马正反缠结而上，高抬的马蹄与紧张的肢体饱含着遒劲的动力，给人以腾空欲起的上升感。画家通过对人体运动和对爱情追逐的描绘，表现了他对生命力的热爱。

伦勃朗

杰出的现实主义大师

伦勃朗是荷兰17世纪最著名的画家。他继承了卡拉瓦乔的明暗对比手法，主要利用光线塑造形体，表现空间，还自创厚涂法和用笔杆蘸颜料营造肌理的技法。他擅长肖像画，善于表现人物的内心活动、描绘情节和塑造形象，在凝练的冷静中内敛着更饱满的热情。他的画使人感到画面的变化。

《夜巡》

最动感的画面

这幅画是伦勃朗为阿姆斯特丹火枪制造销售工会创作的，描绘以大尉巴宁为中心的30多人的群像。这些射击手正接到紧急任务准备出发，他们有的在准备武器，有的则试鼓扬旗，整个场面充满战斗的紧张气氛。伦勃朗在安排群像时主次分明，注意画面的明暗对比和节奏感，在强调整体效果的同时，刻画出不同人物的性格。

《夜巡》局部

弗美尔
17世纪荷兰的风俗画家

弗美尔以独特的艺术描绘了荷兰小城市人民平静恬淡、自我满足的日常生活。人物与室内陈设结合巧妙，画家善于用色彩表现空间感、质感及光的效果。弗美尔也作肖像画，其风俗画具有舞台剧性质，风景画有故事性。他运用现实主义手法反映了荷兰人民对快乐的精神生活的向往。

《倒牛奶的女仆》

《倒牛奶的女仆》
劳动之歌

这幅画为弗美尔代表作品之一。在以一片白墙为背景，从窗子射入的侧面光的环境中，一位淳朴、健壮的妇女正在做奶品。墙角挂着小篮子，桌上放满了食品和瓶瓶罐罐。女仆正把雪白的牛奶从奶瓶中倒出来，表情安然恬静。画家从日常生活细节中，摄取了这样的角度，表现了劳动妇女的生动形象。

《阿尔卡迪亚的牧人》

普桑
法国巴洛克风格中最具代表性的画家之一

普桑的艺术主要特点有二：第一是无君思想，他崇拜的是人类与大自然，希望世界和平幸福，不再有暴力和狡诈；第二是理性高于一切，他认为艺术是理智的产物。他的作品多取材于神话、历史、宗教和文学故事，讴歌大自然和完美的人性，重理性，朴素而庄重。

《阿尔卡迪亚的牧人》
探讨生与死的哲理

这是普桑的代表作。"阿尔卡迪亚"是传说中的一块幸福乐土。画面上的三个牧羊人正在辨认着墓碑上的文字：我住在阿尔卡迪亚。他们仿佛正探讨着生与死的永恒主题。一个女人沉静地站在他们身边，她是一个象征造化与自然的形象。

《塑像前的酒神节》
普桑最富有浪漫情调的作品

普桑受提香《酒神节》的启发，构筑了这个理想的场景。作品的构图有三条主线：第一条是从树干至倒在地上的仙女的斜线，第二条是由神像及其身后的树叶组成的垂直线，第三条是将位于第一层面的舞者与背景上的天空、远山连接在一起的水平线。作品充满诗意，人物形象更加奔放、粗犷。

《塑像前的酒神节》

18 世纪洛可可绘画

洛可可的意思是像贝壳的涡型装饰。步入繁荣的欧洲正需要对女性有彬彬有礼的交际往来、幽默的言谈举止和轻松的艺术风格。画家们把握住了时代精神，以上流社会男女的享乐生活为对象，描绘全裸或半裸的妇女和精美华丽的装饰，以愉悦、豪华的场景取代了圣徒痛苦的殉难，在反映现实上向前大大地迈进了一步。

想一想 为什么女性题材在这个时期受到如此的关注？

夏尔丹

绘画史上最擅长静物的画家

夏尔丹是法国 18 世纪杰出的静物与风俗画家。他喜欢静物和家庭内部写生，他的静物画是常见的厨房器皿、菜蔬、水果等简单的物品，能把平凡的内容画成优美的画面。他的风俗画多表现市民阶层的生活，重视人物神态的表现和构图、光色的协调统一。夏尔丹的与众不同的素描作品对后世也有巨大影响。

夏尔丹作品《铜水箱》

华托

敏感的色彩诗人

华托是法国 18 世纪洛可可时期最重要的画家。因为当过舞台美术家助手，舞台给了他许多灵感，所以他经常描绘演员的生活，构图方式也吸收自舞台设计。他还常画纨绔子弟的风花雪月，人物生活光鲜浮华，很得贵族青睐。他是鲁本斯的追随者，但用笔更轻快，尤以色彩著称。他的影响极为深远，开一代新风。

《发舟西苔岛》

"风流韵事画家"

《发舟西苔岛》是华托最著名的代表作品。古希腊神话传说中，维纳斯刚刚从海中诞生，西风之神便把她送到西苔岛，所以西苔岛就成了维纳斯岛和爱之岛。画中表现了三个姐妹对幸福与爱情的向往，带着自己的情侣乘舟奔赴西苔岛。华托从歌剧场面中得到启示，以含蓄的色彩表现了爱情的幻境。

《银杯》

色彩的艺术

与同时期画家喜爱鲜艳而丰富的色调不同，夏尔丹在《银杯》中认真挑选色彩，塑造出简朴、真实的气氛。桌面和背景的界线，仅能借着银杯的反光模糊地看出。在赭色和棕色的背景中，银杯的银色和水果的红色显得十分突出。

《发舟西苔岛》

布歇
首席宫廷画师

布歇是法国洛可可绘画最重要的代表人物。其艺术备受路易十五的爱妾蓬巴杜夫人的赏识，成为"国王首席画家"。他的作品包括壁画、舞台布景设计、家具服饰设计、织毯画稿，等等。他描绘了很多色彩浓艳的爱情故事来迎合王公贵族的青睐。他的画反映了那个时代的特征，追随者很多。

布歇作品《蓬巴杜夫人》

《维纳斯的凯旋》
宫廷味道的神话

布歇的这幅画描绘的是维纳斯从海水中诞生后，与众海神在海中嬉戏的场面。画中的维纳斯体态娴雅，风情万种。画中人物众多，构图极为饱满，色彩鲜丽明快。整幅画面表现出一种欢腾的气氛。画家笔下的女性丰满柔媚，适合宫廷欣赏口味。从他的画中可见当时法国宫廷崇尚富丽、柔媚的审美趣味。

《维纳斯的凯旋》

雷诺兹
伦敦最富有的画家

雷诺兹是富有个性的艺术家，除了绘画以外，在文学和教育方面也很活跃，是18世纪下半叶英国艺术深刻革新的推动者和主角之一。这一革新使英国摆脱了荷兰和佛兰德斯艺术的强大影响，形成了英国自己的绘画流派。

塞巴斯蒂亚诺
具有革新精神的洛可可画家

塞巴斯蒂亚诺是意大利具有革新精神的洛可可绘画的代表人物之一。他博采多家之长，坚决主张革新欧洲绘画艺术。他的创作以装饰性的技巧、充满热情及富于动势的风格为主。他在自己的作品中将威尼斯绘画传统与学院派风格糅合在了一起。

阿米戈尼
维也纳洛可可的先锋

阿米戈尼是意大利画家及版画家，也活动于德国、英格兰及西班牙。他是维也纳洛可可的先锋，他的巡游生涯推进了装饰国际化风格的发展。他创作了大量的装饰壁画、历史及神话题材绘画和蚀刻作品，有些被印刷流行，成为挂毯、钟表、衣柜及瓷器的装饰图案。

《朱庇特和卡利斯托》
带有巴洛克风格的洛可可画作

阿米戈尼在《朱庇特和卡利斯托》的画作中，将化身为月亮女神狄安娜的朱庇特与山泽女神卡利斯托居于构图的中心点。近似平涂的笔触，淡化了人体的立体结构，呈现出圆润、娇艳的官能美感。冷暖色调的精心搭配，取得视觉心理的平衡。不同于法国洛可可风格的精致繁复，画家行笔较为粗犷迅疾，还有巴洛克风格的影子。

《爱的惩罚》
塞巴斯蒂亚诺·里奇的力作，画面充满想象力与激情。

19 世纪绘画

· 像艺术家一样思考 ·

西方绘画到了19世纪，各种流派频繁起伏更迭。19世纪初，流行了近200年的古典主义没落，新古典主义诞生；法国大革命后的形势和社会科学的发展，促使了浪漫主义的诞生；三四十年代，西欧社会的发展与进步，辩证法和自然科学的新成就又使现实主义成为主流；随后不久出现印象派、后印象派、象征派等，整个画坛异彩纷呈。

想一想 19世纪各画派之间存在着怎样的承继关系呢？

安格尔

法国新古典主义画派的主要代表

法国画家安格尔在漫长而卓有成效的艺术生涯中，追求直率而纯洁的原始风格，把宗教画当做心爱的体裁，对中世纪文艺复兴时代感兴趣。他的绘画注重细节的刻画，务求线条干净和造型平整，强调纯洁而淡漠的美。1825 年，安格尔被选为皇家美术院院士，后担任罗马法兰西学院院长，并被赠予黄金桂冠。

大卫

一位自强不息的画家

大卫是洛可可画家布歇的学生，并深受意大利文艺复兴古典主义的影响。由于他的文化水平有限，所以他在艺术上未能走自己独立的道路。但他坚忍不拔地追求着自我完善，他的绘画在严谨的处理、准确而自信的线描技法上取得了一定成就。在艺术理论上，他否定艺术的独立性，有意识地把艺术变为一种政治和社会的武器。

大卫作品《拿破仑途经圣贝尔纳多》

《马拉之死》

沉浸于深刻的悲哀中的作品

大卫的《马拉之死》既是历史画又是人体画的不朽名作。马拉是法国大革命时的职业革命家，1973年在家里的浴盆中被刺。浸泡在浴缸里的马拉歪斜着头，脸上流露出一种悔恨和痛苦的表情。光线投射在马拉脸部和身躯上，犹如一尊石雕像。大卫生动而真实地刻画了马拉之死的真相，画风极为写实，局部的刻画也很翔实。

《朱庇特与忒提斯》

《朱庇特与忒提斯》

衡量安格尔构图优缺点的标尺

这幅画是安格尔早期在艺术风格上兼容并蓄的极好例证，画中描绘的是众神之王朱庇特，他那威严的仪表俨然一头发怒的雄狮。朱庇特身旁的海神忒提斯的形象却被明显地夸张化。作品中，流畅而有节奏的轮廓线控制着图形的体积，整幅画面给人以僵硬、浮夸、冷淡之感。

画家本人
他紧握步枪，眼中闪烁着对自由的渴望。

自由女神
女神左手握枪，右手高擎着三色旗，正转身号召人民向封建专制王朝的最后保垒冲去。

少年英雄
少年英雄叫阿莱尔。在那次战斗中，他把三色旗插在巴黎圣母院旁的桥顶上，英勇牺牲。

巴黎圣母院
处在晨雾中的巴黎圣母院，隐约可以看到北塔楼上飘扬着一面共和国旗帜。

《自由引导人民》

《自由引导人民》
自由精神的象征

德拉克洛瓦的这幅画取材于法国七月革命，又名《七月二十八日》。画中描绘了在硝烟笼罩的大道上，打着象征自由和希望的三色旗（法国国旗）的女神奔在最前，其后是手持刀枪的士兵和民众，背景隐约可见巴士底狱的大楼。在这里，女神上身裸露，纯洁而美丽，是正义、自由、真理的化身。

布格罗
艺术实践和"美与真实"的结合

布格罗是个十分多产的画家，他的绘画题材丰富——古典神话、宗教和世俗场面，一直到人物肖像。他的艺术在理想主义和自然主义美学观点上做了高度巧妙的概括，从早期较为严肃忧郁的大型宗教历史场面，逐渐转向轻松明亮，人物较少，更具世俗性的内容。

德拉克洛瓦
法国浪漫主义运动的大师

德拉克洛瓦善于运用色彩，所画的形象色彩饱满热烈，有强烈的音乐感，表现出一种诗意的美，这也是他最大的创作特色。他喜爱挥洒自如、色彩丰富的小品画，描绘战争、狩猎、动物间的格斗等题材，以及肖邦等好友的肖像画。

夏斯里奥
浪漫主义与古典主义的"合流人物"

法国画家夏斯里奥幼时接受了新古典主义的训练，但他生性浪漫，一生致力于将古典画派的高雅优美而又坚实的造型同浪漫画派的热情灿烂的色彩结合于一体，舍弃了安格尔的冷漠和德拉克洛瓦过度的奔放，浪漫主义的热情占据了他作品的主要地位。同时，他也从事于肖像画，在这方面更接近于古典主义风格。

夏斯里奥代表作《古罗马的浴室》
画家想通过所描绘的古代风俗来表现女性的肌肤和人体美。

《珍珠女》
柯罗晚年的精心之作，珍珠女的魅力在于其心底的善良、灵魂的纯洁和富于内涵的性格特征。

柯罗
令人沉浸在梦幻般的世界中

柯罗是19世纪杰出的法国画家。他的创作以风景画为主，直接到大自然中寻找灵感，表现傍晚或清晨、阳光不太强烈时的山川原野；在富有诗意的自然景色中，点缀几个农妇、牧童或船夫。柯罗的作品具有独特的抒情意味和丰富、浪漫的想象力。

杜米埃作品《三等车厢》

杜米埃
杰出的现实主义人物画家

杜米埃是法国进步的现实主义画家。他的油画创作多以劳动人民和卖艺人的生活等为题材，运用强烈的明暗对比，结合遒劲的线条，来突出人物形象，画风粗犷泼辣。他的油画一般不画五官，人物的脸部总是模糊不清，然而整体感厚实、真切。他还有一些讽刺揭露性的画作，对象是法国的政界人物和社会上的黑暗势力。

米勒作品《拾穗者》

米勒
受人民爱戴的画家

米勒是法国画家，生于农民家庭。他长期接触农民生活，描绘、歌颂农民的劳动生活和淳朴性格是他画作题材的主要特点。米勒的画风以质朴、凝重、富有生活气息著称，但直到晚年，他的作品才引起人们的重视。

《牧羊女》
充满泥土味道的画作

这是米勒的典型作品。画中一个乡村牧羊女，站在草原的旷野中，默默地祷告上帝赐予她一天的平安生活。为了展示农村妇女的日常劳动生活，画家抓取了这样一个十分抒情的牧羊生活场面：高高的地平线，平展，辽阔无垠……这幅画无论是色彩还是人物形象，都处理得比较细致、和谐。

马奈
法国印象主义画派的奠基人

马奈生于法国贵族家庭，但他对政治没有丝毫兴趣，他把全部的反抗意识都表现在绘画上。他因不满学院的教学而到美术馆研究、临摹前辈大师的作品，他把自己的全部经验和技巧，全都用于以自己的方式去解释和表达他所描绘的现实。马奈十分善用黑色，可使整个画面的色彩鲜明醒目而又各得其所。

《牧羊女》

库尔贝
摄影师式的画家

库尔贝是法国伟大的写实主义画家。1849年，他参加沙龙展一举成名，成为那个时代最伟大的艺术家之一。他主张以生活的真实为创作的基本原则。他的人体艺术与古希腊那种超凡脱俗的神界的永恒美不一样，他的裸体是实实在在的、活生生的现实中的人物，大多数是健康、朴实的农家女。

库尔贝作品《路遇》

高空秋千表演
这是城市生活的繁华、刺激的生动表现。

举望远镜的女士
这位女士把我们带到了酒吧的热闹场面中，她正在看什么有趣的东西。

女招待
女招待名为苏珊。马奈与她相熟。在马奈去世的前一年，马奈为她留下了永恒的形象。

镜中的顾客
作为观者，你恰好在这个位置上。

静物
马奈的这些静物堪称是最美好的静物画范例之一。

《福利·贝热尔的吧台》

《福利·贝热尔的吧台》
走进印象的世界

这幅画是马奈晚年的代表作。画中描绘了一位女招待站在吧台里，身穿饰有宽大花边的紧身上衣，正在应酬顾客。酒吧间里宾客满座，热闹华丽的景象被表现得淋漓尽致。为了加强空间的对比关系，画家特意利用了大块的玻璃镜作为背景，使画面变化丰富而生动，好似观者自己正站在柜台前。

德加
"运用线条的色彩画家"

德加是法国印象派中以传统精确素描与印象派色彩风格绝妙结合的画家，被称为"古典的印象主义"。他的作品有着深厚的古典主义造型基础，在人物形象中又体现出自然主义倾向，而在色彩和线条的表现上又是印象主义。

《等待》
一幅有思想性的叙事画

德加运用粗犷阔大的笔触，生动简练地刻画出舞蹈休息间等待的妇人。她身着黑色的长裙，头戴黑色的礼帽，手持黑伞，静静地坐在长凳上沉思着，与左侧一位低头护脚的女舞蹈演员形成强烈对比。画家以俯视角度来描绘两人一静一动的精神状态，而大部分的空间被用来描绘地面，这种空旷感与人物的沉思感相映成趣，被人誉为是一幅有思想性的叙事画。德加的画作与雕塑常以舞者为题材，这已成为他艺术上的一个特色。

《等待》

莫奈
印象派中最印象派的画家

莫奈是法国画家，印象派的创始人之一。莫奈以画漫画起家，后来在巴比松画派的影响下，开始注意观察大自然光照之下的复杂色彩。在他的作品中，很难找到社会的或文学的因素。在1874年，莫奈展出了作品《日出·印象》，印象派从此得名。后莫奈定居于塞纳河畔的维特依，作了许多关于这个村子及其周围景色的绘画。

《日出·印象》

《日出·印象》
印象派绘画的标志

莫奈描绘的是勒阿弗尔港口的景象：海水在晨曦的笼罩下，呈现出橙黄或淡紫色。天空的微红被各种色块渲染，水的波浪由长短不一的笔触组成。三只小船在色点组成的雾气中显得模糊不清。船上的人与物依稀能够辨别。远处的工厂、烟囱……这一切，是画家从一个窗口看出去画成的。凌乱的笔触恰好表现出雾水交融的景象。

雷诺阿
女性形象的赞美者

雷诺阿是法国印象派画家中的肖像和色彩大师，他的所有作品都具有象征意义。在雷诺阿漫长的一生中，他曾追随过或多或少符合他的艺术气质的各种不同的风格流派。受18世纪洛可可艺术的影响，雷诺阿偏爱以明快的暖色调来描绘女性形象。他的艺术始终让人们看到生活快乐和甜美的一面。

雷诺阿作品《伊雷娜·卡昂·当韦尔小姐像》

修拉作品《阿斯尼埃尔的沐浴》

修拉
后印象主义的首领

修拉是法国后印象主义的杰出画家。他非常沉醉于色彩，追求对气氛和外光的表现，并探求出一种新的技法——点彩法。修拉的很多人物油画的背景是晦暗的室内，而他的色彩调配理论设计，精确到可以不必考虑人工照明对人的色彩感觉所造成的变化。他后期的风景画都是在外光下完成的。

塞尚
"现代绘画之父"

塞尚是法国后印象派的代表画家。塞尚毕生追求表现形式，对运用色彩、造型有新的创造。塞尚在他的作品中，所寻找的就是真实，他的源泉必须是自然、人和他生活中的事物。塞尚认为，绘画无功利可言，只有形、色、节奏、空间在画面上的构成，画家要"为了构成而构成"，使绘画真正成为"心灵的作品"。

塞尚

《玩牌者》
赋予人物新的意义

这是塞尚重要的代表作之一。画中描绘了两位玩纸牌的人，刻画出这两个人物玩牌时用心思考的面部表情和弯曲的肩膀，表现出人物的内心世界与性格特征。画家有意加强了轮廓线的阴影部分，强调了棕红与蓝色的对比，既突出了主体人物，又获得了线条结构连接的稳固效果。

瓶子
这只瓶子是画幅的中轴线，把画面分成两个对称的部分，从而突出了两位对手的"界全"和"争斗"气氛。

老画匠
这个人物的原型是塞尚的父亲，塞尚在这里赋予这位模特儿以"新的超越主题的客观性"。

《玩牌者》 颜色的对比效果
用不多的颜色构成一幅画，这是塞尚特有的表现方式。

高更
追求原始美的艺术革新者

　　高更是继印象派之后在法国画坛上产生重要影响的艺术革新者，与凡·高、塞尚等被人们称为"后印象派"。高更30岁以后才走上绘画的道路。1888年，高更的作品中出现一些偏重幻想的、象征性的、富于装饰性的风格。高更一生重要的作品都是在塔希提岛上完成的，淳朴的原始性的风土人物及热带环境是这些作品倾力表现的内容。

凡·高
19世纪最伟大的艺术巨匠

　　凡·高出生在荷兰一个穷苦的牧师家庭，26岁才投身绘画创作。凡·高对待绘画极为严肃认真，甚至可以说是狂热地在钻研素描、解剖、透视。在色彩方面受印象派影响，色调逐渐明亮。凡·高喜欢运用纯色点画的绘画技术。虽然他的作品不表现立体感，但却能摆脱一切有碍于表现艺术方法的东西。

凡·高的自画像

《向日葵》
燃烧的激情

　　凡·高创作的《向日葵》每朵花就像一团火，细碎的花瓣和葵叶则像火苗，整幅画就像是烧遍画布的熊熊火焰。凡·高有着火一般炽热的感情和强烈的艺术气质，他个性鲜明，特别喜欢明亮的阳光，喜欢黄色的向日葵。因此，这幅作品是画家精神的真实流露，是表现与技巧十分和谐的统一。

《向日葵》

莫罗
受东方绘画艺术影响的象征主义画家

　　莫奈是以描绘神话和宗教题材而著称的法国象征主义画家。他的创作得益于意大利的古典艺术以及印度、波斯的细密画和日本版画等东方绘画艺术。学院派严格的训练为莫罗打下了坚实的传统绘画基础。他在色彩上保持了浪漫主义的风格，形式上却有一种静穆的神圣感。

雷东作品《独眼巨人》

雷东
"不相信眼睛"

　　雷东是法国象征派画家、石版和铜版画家。他的作品沿着两个不同的方向发展。他的版画创作以表现鬼怪幽灵、幻想甚至死亡为主题，是超现实主义与达达主义运动的先驱，后来转作油画和粉笔画，手法类似印象派的静物、花草。他在美学上主张发挥想象而不依靠视觉印象。

印象派

　　印象派因法国画家莫奈的《印象·日出》而得名。其绘画在于借助光与色的变幻来表现瞬间捕捉到的印象，绘画技法的基本原理就是色彩分解，即只用光谱中的七种纯色作画，力求保持每一种纯色的新鲜和光彩。印象派画家的风景画把过去被忽略的许多现实色调变成为主角。但印象派不关心作品的思想性，这是一个根本性的缺陷。

20 世纪现代派绘画

现代派兴起于 19 世纪下半叶中期，衰落于 20 世纪六七十年代。它是西方国家现代美术中某些流派——野兽派、立体派、未来派、达达派、表现派、超现实主义、抽象主义等的统称。现代派画家反对理性的压制和传统的束缚，重视直觉和下意识活动，艺术上着重于内心的"自我表现"。

想一想 是什么因素导致现代派画家侧重于内心的"自我表现"？

维亚尔

"描绘家庭情景的画家"

法国画家维亚尔曾在高更的影响下成立画家组织"纳比派"，自称是"描绘家庭情景的画家"。他善于把日常生活中的人物和环境细节表现得富有情趣，用色变化微妙，在大型装饰画上尤见所长。他 1937 年为夏洛宫作装饰设计，1938 年为设计日内瓦的国际联盟大厦作装饰画，兼长插图及彩色石版画。

维亚尔作品《画家鲁赛尔和他的女儿安纳特》

席勒

席勒

创作几何的魅力

席勒是 20 世纪初杰出的奥地利画家。他的早期作品属于印象派风格，受到维也纳分离派代表人物克里姆特的影响，后来形成了自己几何结构的风格，强调变形和艺术夸张，这一特点贯穿了他的一生。他常常采用垂直构图，线条冷峻刚硬，色彩以褐黄色为主，不追求空间深度，讲究块面搭配，色彩互补，仿佛是各种几何形体的巧妙配合。

《自画像》

严酷的精神分析使时代所有的美丽失色

在这幅画像中，席勒把自己描绘成消瘦、颓废的形象，成为他风格特征的是一种参差不齐和棱角分明的笔触。瘦削的脸孔和粗糙的手仿佛是他病态化心灵的象征。

《自画像》

马蒂斯

野兽派创始人之一

马蒂斯是法国画家，受后期印象派画家的影响，并吸收波斯绘画、东方民间艺术的表现手法，形成"综合的单纯化"画风，提出"纯粹绘画"的主张。长期的艺术生涯也使他成为了一个富有创新精神的图案家、版画家和设计家。他晚年的作品多用单纯的线描和色块组合形成装饰感很强的画面。

马蒂斯

《含羞草》

毕加索

20世纪最有影响的西班牙艺术家

毕加索是西班牙最有影响的艺术家，也是法国现代派艺术的主要代表。他一生中画法和风格几经变化：1901～1904年初为"蓝色时期"，多表现饥饿的穷人形象，以蓝色调加强孤独与不幸的感觉；1904～1906年是"玫瑰色时期"，以江湖艺人为主；1907年前后学习黑人雕刻的艺术手法，称"黑人时期"。1908和布拉克创造"立体主义"，发展为"综合立体主义"，从而使他成为欧洲画坛的瞩目人物。

毕加索

《含羞草》

线条的妩媚

这幅画是马蒂斯肖像画作品中具有代表性的一幅。画面中占满空间的是穿着青蓝衣裙的模特儿，她的两侧延伸的曲线组合成对称变化的图案，椅子和背景中一些装饰性的绘画是用刮刀画出的流畅的线条。画家有意地把模特儿手的比例增大，取得了与宽大的衣裙在造型方面相协调的效果。

《生命》

《生命》

与时代最贴切的描绘

这是毕加索蓝色时期的代表作之一。画面右侧一位怀抱婴儿的妇女，注视着面前的一对青年男女，左侧男女紧紧相依。画家把恋人处理为裸体形象，与右面那位着衣母亲形成对比。画面上，恋人为爱情的象征，母子则是母性的象征。人物身后的两幅画作刻画的是在生活重压下的人们，赤裸的身体展示了他们最真实、最痛苦的一面。

公牛头
毕加索曾宣称"那头公牛代表黑暗和残忍"。

拿油灯的女人
女人高举着油灯，要把一切罪恶展示在光照之下。

绝望的男人
男人向着天空高举双臂，控诉着战争的罪行。

呐喊的母亲
母亲托着被炸死的婴儿啼哭呼号。

马
马代表人民。马头上的灯象征上帝之眼在洞察人间的罪恶。

残缺的肢体
地上倒放着战士残缺的肢体，断手还握着剑。剑旁有一朵小花代表着希望的滋长。

《格尔尼卡》

《格尔尼卡》

最强烈的控诉

1937年，德国法西斯轰炸了西班牙北部小镇格尔尼卡，这一暴行激起毕加索的愤慨，因此创作了这幅画。画面以站立的牛和昂首嘶吼的马为构图中心。画家以半写实的、寓意的、象征的手法相结合，并借助几何线的组合，使作品获得严密的内在结构形式。作品以形象的艺术语言，控诉了法西斯战争的暴行。

夏加尔
爱的使者

夏加尔是俄国超现实主义代表画家，作品多为表现下意识的绘画。初期受立体派影响，后转向超现实主义画风。其作品特色是对少年时故乡习俗的回忆，以"爱"为主题基调，表现出画家丰富的想象力。色彩由初期紧张不安而走向明亮，晚年更趋华丽清澄。代表作品有《生日》《我与村庄》等。

夏加尔作品《生日》

蒙克
表现主义绘画之父

蒙克是具有世界声誉的挪威艺术家，西方表现主义绘画艺术的先驱。他的绘画带有强烈的主观性和悲伤压抑的情调。作品多以疾病与死亡为主，用色彩、线条与形式呈现自己的生、死、爱、苦的"心灵地狱"。1908年蒙克精神分裂，他的精神得到了最彻底的解脱，作品变得明亮、宁静而富于哲理。

《呐喊》

米罗
超现实主义画派中风格最独特的画家

米罗为西班牙画家。他的画具有儿童的稚趣和抽象的特点，尤其擅长用点、线、几何形做平面的安排组合，同时在绘画中赋予画面形象以符号的象征意义。从20世纪30年代开始，米罗与毕加索和马蒂斯齐名，成为超现实主义的有机抽象支派的领导人物。此后创作了一些表现星座内容的作品。

米罗作品《蔚蓝的金色》

《呐喊》
恶梦中的景象

蒙克以现实为依据，选择象征和隐喻手法，揭示了"世纪末"人们的忧虑与恐惧，这幅《呐喊》便是组画中最负盛名的代表作。此画描绘一个面容近于骷髅的人物，站在一条看不到头尾的公路桥上，似乎受到惊吓而大声狂喊。画家用色线组成流动的河水与天空的形象，这些线条像蠕动的蛇虫，给人以强烈的不安感。

达利作品《丽达与天鹅》

达利
20世纪超现实主义艺术大师

西班牙超现实主义画家和版画家达利，以探索潜意识的意象著称。达利的作品历经了早期的印象派、作为过渡的超现实主义，直到最后经典时期这一变迁过程。达利从超现实主义向经典时期转变的过程中，创作了他的19幅大型画，很多都涉及了科学、历史和宗教题材。

《永恒的记忆》
一个怪异的世界

《永恒的记忆》是达利早期的代表作。据说，它表达了达利追忆童年时的某些幻觉。代表时间的钟表软绵绵地挂在干枯的树上，或扔在不知名的长出枝干的方形体上，落在胚胎状的物体上，背景荒肃得毫无生机，可知的事物违反了常规的逻辑，一切都不近情理。究竟象征什么、表现什么？这或许有对时间的怀疑或恐惧。无论如何，这幅作品已经成为超现实主义的同义语了。

格罗茨

格罗茨
生动无比的讽刺画家

格罗茨是德国画家。尽管他很早就开始画油画，但作品的主要意义还是在素描之中。他的早期作品描绘了战争恶毒荒寥的面目。一战后，他以尖刻的线条画出战争年代的诙谐，他的凶猛挑衅性的社会讽刺画，成为反对统治阶级的斗争武器。

《艺术家与模特儿》

《艺术家与模特儿》
简约的美

格罗茨在巴黎学习期间，形成一种更为自由的绘画风格，讲究迅速、直观地表现中心主题。在这幅作品中，他的线条富有流动性。画中人体被夸大，画面也被艳丽的色彩所充斥，视觉效果十分强烈。人物的身份以及他们之间微妙的关系，被很直接地表现出来。这种现实主义接近于狄克斯的新客观主义。

野兽主义

野兽主义得名于1905年巴黎的秋季沙龙展览。当时，以马蒂斯为首的画家的作品引起轩然大波。路易·沃塞尔不由得惊叫："多那太罗被关在了野兽笼中！""野兽主义"由此得名。

巴尔蒂斯
"20世纪最伟大的画家"

作为法国当代著名画家，巴尔蒂斯没有进过艺术学院学习，他依靠自己的勤奋努力获得成功。他坚持用写实的手法表达自己作为现代画家的真实感受，他的人物画、静物画和风景画，都是以严肃认真的态度进行思考和描绘的产物。他善于从平凡的生活场景中揭示人的心理活动。在他的作品中可以发现东方艺术的巨大影响。

《壁炉前的少女》

《壁炉前的少女》
直率的美

巴尔蒂斯的这幅作品中描绘了一位壁炉前对镜梳妆的少女。这里没有任何欲念的困扰或罪恶的纠缠。画家以火样的热情和明亮的色彩赞颂了纯洁、和谐和完美。画面中没有过多的色彩渲染和复杂的构图，而是以明朗、简练的手法描绘了少女那纯洁无瑕、青春娇美的身躯，使整幅作品充溢着抒情的氛围。

中国绘画

这里说的中国绘画特指中国画，也称"国画"。中国画在世界美术领域中较早地自成体系，表现手法主要有勾、皴、点、染等；画科可分为人物、山水、花鸟等；技法形式有工笔、写意等。还可按设色、画幅形式分类。国画的历史悠久，从人物到山水花鸟，再到写意，体系完备。中国画追求形神兼备、气韵生动的境界。

想一想 中国画和西方绘画最大的不同在何处？

工笔
精心的艺术

中国画的技法名称，俗称"细笔"，与"写意"相对。工笔画法用笔工整细致，敷色层层渲染，细节明彻入微，用极其细腻的笔触描绘物象。北宋韩拙《山水纯全集》有"用笔有巧密而精细者"之说，即是对工笔的要求。例如宋代的院体画，明代仇英的人物画，清代沈铨的花鸟走兽，都属用笔巧密而精细。著名的工笔画家有张萱、王维、赵佶等。

清代沈铨的《柏鹿图》图中两头梅花鹿即是用工笔画出。

写意
粗犷的艺术

也称"粗笔"，在中国画中属于纵放一类的画法。"写意"是相对工笔来说的，指用豪放简练的笔墨描绘物象的意态神韵，抒发作者的情感。它要求线条有高度的概括力，以少胜多，有含蓄的意境；落笔准确，运笔熟练，意到笔到。北宋韩拙在《山水纯全集》中说："用笔有简易而意全者"，即指写意画法。

人物画
表现内在的"人物"

人物画是中国画的三大画科之一，以描绘和塑造人物形象为主体。人物画出现在山水画、花鸟画之前，因描绘侧重不同，可分为：肖像画、故事画、风俗画。据记载，人物画在春秋战国时已达到很高水准，一直是中国传统绘画的主要画科。人物画强调"以形写神"、"气韵生动"、"形神兼备"，有独特的艺术风格。

山水画

山水画
文人寄情山水的一种手段

中国画的三大画科之一，以描写山川自然景色为主。魏晋南北朝时期，山水画作为人物画的背景出现，隋唐时独立出来，两宋时获得极大发展，元代达到高峰。山水画依据颜料的不同，还可分为青绿山水、金碧山水、水墨山水等。从元代起，山水画上还多有题字和题诗、加盖印章，进一步增添了艺术感染力。

花鸟画
注重花鸟的灵动

　　中国画的三大画科之一，是以描绘花卉、竹石、鸟兽、虫鱼为主体的绘画艺术。中国远古陶器上已有简单的花鸟图案，这是最早的"花鸟画"；东晋、南北朝时画在绢帛上的花鸟画已经形成独立的画科，并出现了一些专门的画家；唐宋时趋于成熟、繁荣。

图中，梅枝与梅萼用了皴、点的技法，梅花用了勾、染的技法。

花鸟画

界画
中国古代建筑的摄影师

　　中国画的一个画科，以宫室、楼台、屋宇为题材，用界尺画线，也称"屋木画"或"宫室画"。由于界画重视规则法度，包含了绘画的许多基本技巧，所以历代都以界画为学习者的入门画科。界画具有鲜明的民族风格，反映了中国古代建筑艺术的光辉成就。

清代界画《骊山避暑图》

白描
体现墨线的美

　　中国画技法名称，源于古代的"白画"。用墨线勾描物像，而不施色彩的称为白描。也有略施淡墨渲染的，多用于人物和花卉的绘画。白描的线纹要求严谨细致，经过历代画家与画师的实践，总结出了"十八描"的线描技法，适当地运用这些技法，可以使所画人物风格统一，更好地表现精神面貌，达到形式与内容的严密结合。唐代吴道子、北宋李公麟、元代赵孟頫所作的白描人物，扫却粉黛，淡毫轻墨，遒劲圆转，超然绝俗，均为白描佳作。

勾、皴、点、染
讲究配合的技巧

　　中国画的技法名称。中国画用墨讲究勾、皴、点、染互用，干、湿、浓、淡合理调配。中国画的用墨之妙在于浓淡相生，浓处精彩而不滞，淡处灵秀而不晦，浓中有淡，淡中有浓；浓有最浓和次浓，淡有稍淡和更淡，有灵活用笔的特色。其中皴法多用以表现山石和树皮的纹理，如披麻皴、雨点皴、荷叶皴等。

《太液荷花风》
图中的荷花用了双勾的技法。

双勾
体现线条配合的技法

　　中国画技法名称。用墨线勾描物象的轮廓，通称"勾勒"；因任何物象基本上用左右或上下两笔勾描合拢，故亦称"双勾"。多用于工笔花鸟画。古时摹拓书法，沿字的笔迹两边用细劲的墨线勾出轮廓，也称"双钩"。双勾后填墨的称"双勾廓填"。

宋代的画作《荷花图》
较充分地体现出没骨画的特点。

没骨
直接表现色彩的美

中国画技法名称。指直接用色彩描绘物象。如唐代杨昇用青、绿、朱、赭、白粉等堆染出的山水画称"没骨山水";五代黄筌画花卉勾勒较细,着色后几乎隐去笔迹,为没骨花枝;北宋徐崇嗣所绘花卉,摒去墨线勾勒,只用彩色画成,名"没骨图"。后人称这种画法为"没骨法"。没骨画技相传为南朝张僧繇所创。

明代张路人物画《老子骑牛图》局部

点簇
表现点画的美

也称"点垛",中国画技法名称,指用笔作点画而簇聚成物象的画法,后多指不用勾勒的点笔花卉画法。此法主要用以表现花卉的叶和花瓣,有时也用作人物和山水画。此法的关键在于蘸墨或用色的技巧。一般笔尖的墨色较重,笔肚、笔根渐次减淡;或先蘸一色,再蘸另一色,一笔落纸即有浓淡或色彩的变化。

三远法
表现山水画的层次感

山水画技法名。北宋郭熙提出:山有三远,自山下而望山巅,称为"高远";自山前而望山后,称为"深远";从近山而望远山,称为"平远"。后人将这种表现技法称"三远"。

六法
品评中国画的尺度

品评中国人物画的六项标准。南朝齐肖像画家谢赫在他的画论名著《古画品录》中首先提出了品评人物画的这六项标准,后也应用于山水、花鸟等其他画科,并成为"中国画"的代名词。六法的具体内容为:气韵生动、骨法用笔、应物象形、随类赋采、经营位置、传移摹写。

逸、神、妙、能
评价中国画整体艺术成就的标准

这是中国文人评判绘画作品艺术成就的四个标准,后来也用于对书法的评价。宋代的苏辙说:"画格有四,曰能、妙、神、逸。盖能不及妙,妙不及神,神不及逸。"逸品指画作不拘泥于常规法度,注重神似,强调自我感情抒发的作品,被认为是艺术殿堂的巅峰。

《关山行旅图》
五代山水画家关仝的代表作。此画用笔简练,使用"深远法"构图,被后世一些文人评为神品。

画品

鉴赏中国历代画家及作品的文体

中国古代对画家及作品做出品评的一种文体。作者通过品评画家及作品，鉴赏其优劣得失。梁武帝萧衍的《昭公录》可能是最早的专著；南齐谢赫《画品》是保存至今最早的一部著述，此外重要的画品还有陈隋之际姚最的《续画品》、唐代彦琮的《后画录》、朱景玄的《唐朝名画录》等，这些都是考辨古代绘画的重要典籍。

张萱作品《虢国夫人游春图》

顾恺之

顾恺之

"才绝、画绝、痴绝"

东晋画家。其画作多为人物肖像及佛像、禽兽、山水等。画人注重点睛，能表现人物的性格、精神特点。画作笔迹周密，紧劲连绵如春蚕吐丝，与南朝宋陆探微并称"顾陆"。后人将顾恺之、陆探微、张僧繇合称为"六朝三杰"。他著有《画论》《画云台山记》等。画作有《女史箴图》等。

吴道子

吴道子

"画圣"

唐代画家。擅画道释人物，早年行笔较细，风格稠密；中年雄放，线条富有运动感，有笔不周而意周之妙，与张僧繇并称"疏体"。所写衣褶有飘举之势，与曹仲达并称"吴带当风，曹衣出水"。画作有《明皇受箓图》《大护法神像》等，著录于《宣和画谱》。传世作品有《天王送子图》。

张萱

工笔仕女画的代表

张萱是唐代画家，善画人物画，以擅绘贵族妇女、婴儿、鞍马而名冠当时，与周昉不相上下。所画妇女喜用朱色晕染耳根，以点簇笔法构成亭台、树木、花鸟等官苑景物。画迹有《明皇纳凉图》《整妆图》《卫夫人像》《虢国夫人游春图》等。

王维

"诗中有画，画中有诗"

唐代诗人、画家，世称王右丞。王维崇尚佛教，喜山水。写诗多以山水田园为内容，状物传神、精深入微，前期也写过一些边塞任侠题材的诗篇。王维"不衣文采"的创作思想对后世文人画影响很大。擅画山水、释道人物，晚年常以"破墨"写山水松石，曾绘《辋川图》。被后人推为山水画"南宗"之祖。

王维《辋川图》局部

韩斡
创作马的世界

韩斡是唐代画家，善画肖像、人物、道释、花竹，更以画鞍马著称。所绘马匹体形肥硕，态度安详，比例适当，一改前人画马螭颈龙体、筋骨毕露、姿态飞腾的"龙马"作风，创造了富有盛唐时代气息的画马新风格。曾作《洗马图》《八骏图》《百马图》等。

"黄家富贵"与"徐家野逸"
表现花鸟的灵动

"黄家富贵"是以黄筌为代表的黄派别称，"徐家野逸"是以徐熙为代表的徐派别称，两家均为五代花鸟流派，成就之高影响了五代以后千余年的花鸟画坛。黄筌为宫廷画家，多画宫苑中的奇花怪石、珍禽瑞鸟，设色浓丽，逼肖其生，成为院体花鸟画的典型风格。徐熙作品注重墨骨勾勒，淡施色彩，流露潇洒，故有"徐熙野逸"之称。

黄筌作品《写生珍禽图》

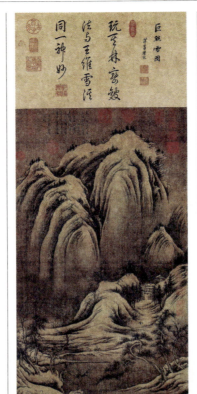

巨然作品《雪图》

董、巨
中国山水画的巅峰

五代画家董源、巨然的合称，二人为南方山水画派的宗师。董源擅画人物、牛、虎，尤工山水。所画江南风景，峰峦晦明，林霏烟云，表现了平淡天真的情趣。他的构图方法、笔墨技巧在塑造江南景色上均有创新。巨然山水画师承董源，也擅画烟岚气象和山川高旷的江南景色。二人的山水画对后世影响极其深远。

米家山水
表现云雾的缥缈

中国画流派之一，指宋代米芾、米友仁父子所绘之画，画史上称"大米"、"小米"。米芾画从董源变来，突破勾廓加皴的传统技法，多用水墨点染，不求工细。其子米友仁发展了米芾技法，用水墨横点烟峦云树，崇尚平淡天真，运笔潦草，自称"墨戏"。"二米"山水画多以云山、烟雾为题材，世称"米家山水"。

《春山瑞松图》
米芾代表作，笔法清秀，墨色淡雅，开一代文人画新风。

梁楷
表现简笔魅力的大师

梁楷是南宋画家，擅画人物、佛道、鬼神等。他继承五代、宋初画家石恪的画法，以简略的"减笔"画法著名。这种减笔画法，笔墨精练到不能再少，而传达出对象的神态、情状似乎是信手拈来之笔，却能捕捉住对象的主要特征，具有十分传神的效果。存世作品有《泼墨仙人》《高僧故实》《秋树双鸦》等。

"马一角"、"夏半边"
善于以偏概全的画家

为了展现江南清旷空灵的美景,南宋画家马远创造了构图简洁、以偏概全的方法,即突出主景于一隅,其余用渲染手法逐渐变化为朦胧的远树水脚、雾雨烟岚,并通过指点眺望的人物,把欣赏者的注意力引向虚旷的空间,人称"马一角"。南宋另一位画家夏圭,亦善于以虚代实,将景物集中于一侧,表现浩渺的空间,后人称他为"夏半边"。

《钱塘秋潮图》
这幅画充分体现了"夏半边"的构图特点。

吴镇
元四家之一

吴镇为元代画家,号梅花道人,终身隐居不仕。吴镇擅画水墨山水,师法董源、巨然,善用湿墨表现山川林木郁茂的景色,同时注入了自己的深厚苍郁之气。他还是画松竹的高手,有《竹谱》22幅,每幅各有姿态,笔法简洁苍劲。后人把他与王蒙、黄公望、倪瓒,合称为"元四家"。

《孟蜀宫妓图》
唐寅的仕女画,人物神态生动传神。

"明四家"
明代山水成就的汇集

"明四家"是明代中叶画家沈周、文徵明、唐寅、仇英四人的合称。沈周作画气势雄健,沉着浑厚;文徵明师法沈周,又自成风格。而沈、文两位又为"吴门派"宗师。明四家中,以唐寅绘画成就最高,人物、花鸟、工笔俱佳,尤以仕女画著名。仇英的青绿山水画以典雅著称,人物画造型准确,对人物精神刻画自然。

董其昌
师古不泥古的画家

董其昌是明代后期著名书画家。他的山水画讲究笔致墨韵,风格清润。在笔墨的运用上,有独特的造诣。董其昌画法以书法的笔墨修养,融会于绘画的皴、擦、点、画之中,显得柔中有力,转折灵变,墨色层次分明,清隽雅逸。

"四僧"
四位隐逸民间的画坛大师

"四僧"指明末清初的画家弘仁、髡残、朱耷和石涛。因他们都出家为僧,故称"四僧"。"四僧"在创作倾向上崇尚自然、创新,反对泥古不化,作品往往是画家真情实感的流露。朱耷又号"八大山人",以花鸟画成就最高。石涛以山水画著称于世,所著《石涛画语录》在我国画论史上有突出的地位。

朱耷——"四僧"之一
朱耷亦僧亦道,但在绘画上取得了巨大成就。

"四王"
清代山水画的四座高峰

"四王"为清代画家王时敏、王鉴、王翚、王原祁四人的合称。他们直接或间接受董其昌影响,画风崇尚摹古,不少作品趋于程式化。王翚、王原祁一度出入宫禁,煊赫南北;王翚综合宋元各派,缔造出一套体例完备的画格;王原祁把元代黄公望画风糅合实质,融化精神,亦有成就。

——雕塑——
古代希腊与罗马的雕塑

•像艺术家一样思考•

古希腊的雕刻和建筑是互为一体的，此外，独立性雕像的成就也很可观，其创作泉源来自对"人体美"的认识。这是历史上裸体雕刻的创始时期。古罗马的雕塑艺术深受古希腊的影响，在写实的方式、情绪的表现，以及对细节表现的夸张与强调等方面都有许多创新，出现了现实性很强的肖像雕刻和叙事性雕刻。

想一想 为什么许多古代雕像虽然残缺不全，但艺术性却没有降低？

米隆
希腊艺术黄金时期的开创者

米隆是古希腊著名的雕塑家。米隆对希腊雕塑艺术的发展起到了巨大的推动作用，是他首先赋予了雕像以生动的表现力，也是从他开始，希腊的雕塑艺术进入了一个全新的时期，并一步步走向成熟。米隆善于运用写实的手法创造性地刻画人物在剧烈运动中的动态，他在雕塑中所体现出来的完美的艺术技巧，是后世许多雕塑家们所望尘莫及的。

《掷铁饼者》
这是米隆以运动为题材的作品之一。

《掷铁饼者》
奥林匹克比赛的纪念碑

《掷铁饼者》是现存古希腊雕刻中流传最广的艺术杰作之一，作者米隆。雕像表现的是投掷铁饼者运动过程的一个瞬间。掷铁饼者的强烈动势与雕像的稳定性配合得很好，体现了动与静的巧妙结合。因为雕像表现出了掷者的强壮体魄与准确的优美动势，而成为奥林匹克比赛的纪念碑。这件雕像赞美了人体的美和运动所饱含的生命力，是表现体育运动雕塑的典范。

《雅典娜与玛息阿》
动静结合的古希腊雕像

《雅典娜与玛息阿》是米隆除《掷铁饼者》之外的另一代表作，题材取自希腊神话。雕像中人体的解剖结构十分准确，可知古希腊雕塑家们已经完全掌握了人体雕塑的技巧。另外，这一组雕像在塑造技巧上也有新的突破，主要表现在两个人物形象鲜明的对比上：雅典娜是静的，表情严肃而愤怒；玛息阿处在运动中，表情胆怯而粗鄙。这说明古希腊的艺术家们在雕塑的构图上已经有了很大的进步。

《向雅典娜献新衣》
由菲迪亚斯和他的学生创作。

菲迪亚斯
古希腊现实主义雕刻的代表

菲迪亚斯是古希腊艺术全盛时期的杰出雕塑家，是与米隆、波利克利托斯齐名的三位大师之一。他曾受命设计建造了希腊艺术史上著名的帕特农神庙，并负责制作其中的塑像。他的作品以神像为主，最有名的是帕特农神庙大厅的《雅典娜》。他的作品代表了希腊古典现实主义雕刻艺术的高度。

《命运三女神》

《命运三女神》

赋予石头以生命

这是帕特农神庙的一组雕像，现仅存三个无头无臂的女神。三女神由高到低安排得自然协调；古代希腊式的宽大衣裙刻画得柔软轻薄，衣纹线条自然流畅，透露出命运三女神的优美、丰满且生命力旺盛的躯体，令人仿佛体察到她们呼吸起伏的胸脯和富有弹性的身躯。雕刻家对人体结构的深刻理解赋予三位女神健美、恬静、潇洒、生动的形象。

《帕特农神庙的雅典娜神像》

古希腊辉煌时期的的典范之作

作者菲狄亚斯。雕像中，雅典娜一身戎装，体态丰满健壮，长衫的雕刻厚重有力，自然生动。她的面部造型均匀端正，眉宇清朗，鼻梁挺直，嘴唇微闭，双目炯炯有神，显示出传说中神的崇高和严肃。但同时，她那平和的神情又给人一种平易安祥的美丽少女的印象。

《雅典娜头像》

体现复杂表情的雕像

作者菲狄亚斯。作品中人物面部表情的刻画十分细致，雅典娜似乎在低头沉思，优美中含有男性的刚强，并有纯洁少女的美；在思考中显现出智慧，同时，眉眼之间仿佛还带有一丝淡淡的哀愁。艺术家把这种复杂的表情巧妙地结合在一起，令人不得不慨叹于古希腊雕塑的精巧绝伦。

《酒神狄奥尼索斯》

人体结构的示范

《酒神狄奥尼索斯》虽然残缺，但人体结构严谨，比例准确，体形健美，肌肉饱满，面部雕刻细腻，符合神话传说中酒神俊美的形象。雕刻家对人体结构的深入理解使得雕像躯体健美、恬静、生动。

普拉克西特利斯

表现世俗情趣的雕塑家

普拉克西特利斯是希腊全盛时期晚期的著名雕塑家。公元前4世纪的希腊雕塑改变了以前对英雄主义和崇高品德形象的塑造，转向更加富于个性和世俗的情趣，注重描绘人体的曲线和细腻沉思的性格，开始出现女裸体像。普拉克西特利斯是这一风格的代表艺术家。据历史学家普林尼记载，他有重要作品46件，其中大部分是表现世俗情趣内容的。

《尼多斯的阿芙洛狄特》

爱神雕像的模板

从公元前4世纪开始，女性形象受到了前所未有的重视，女性人体雕像也开始出现。普拉克西特利斯的这件雕像不仅体态优美，肌肤和各部分的关系也非常迷人。她上身前倾，左腿微曲，眼睛注视着近处的水面，身体形成一条极其雅致的曲线，十分生动自然。作品将女性的柔美与婀娜表现得淋漓尽致，以至后来的许多爱神雕像都以此为模板。

《尼多斯的阿芙洛狄特》

《赫尔墨斯与小酒神》
美得几乎无懈可击

作者普拉克西特利斯。这件作品有着精美绝伦的刻画技巧，是惊世骇俗之作。雕像表现的是赫尔墨斯在护送孩子（小酒神）的途中，靠在树桩上休息时的情景。雕像右手已损坏，原本拿着一串葡萄，在逗引孩子。这尊雕像追求人体肌肉的细腻变化和美妙含蓄的线条。作者开创了一种独特的风格，把雕像中人物之间的关系变得更亲密，洋溢着一种轻松温馨的情调。这件作品对希腊雕塑艺术的发展产生了深刻的影响。

《赫尔墨斯与小酒神》

《牧羊神》
崇尚柔和曲线人体美

作者普拉克西特利斯。在作品中，作者把牧羊神塑造成了一个富有个性的、美貌英俊的青年男子形象，完全没有了羊的特征。雕像中的人体曲线很美，皮肤表面处理得简洁光滑，有着丰富的阴影变化，起到了很好的装饰作用。普拉克西特利斯的这个作品体现了当时希腊社会崇尚柔和曲线人体美的特点。

波利克利托斯
创造数的比例的雕塑家

波利克利托斯是古希腊杰出的雕塑家和雕塑理论家。他的作品以青铜塑像为主，题材以运动员、竞技士等人物为主要表现对象。波利克利托斯还是一位具有创造性的理论家，著有有关塑造艺术的《法规》一书。书中，他把人体的所有比例、对称都指点出来，并以创作实践证明美是各部分之间的对称和适当比例，阐述了他对人体美的理解。因此，他被称做雕塑史上创造数的比例的雕塑家。

《持矛者》
成为人体构型模式的雕像

波利克里托斯提出了头与身长比为1：7的最美的人体结构原则，据说这尊《执矛者》就是他为了支持这个比例原则而作。雕像中的青年战士随着两脚位置的变化，充满了欲动未动的感觉。这种人体构型由于能使静立的雕像产生很强的动感，所以后来广泛地被雕塑家们所采纳，几乎成了一种模式。

《持矛者》

斯珂帕斯
体现力量和激情的雕塑家

斯珂帕斯是希腊古典后期著名的雕塑家、建筑师，主要生活年代是公元前4世纪。他的作品涉猎广泛，在艺术风格上继承了古典鼎盛时期的许多优秀传统，但与普拉克恩特利斯作品中柔美的特点不同，斯珂帕斯的作品体现出强烈的力量和激情，人物往往有眼睛深陷、目光凝聚、整体动作比较强烈、感情丰富等特点。

《安基西拉青年人立像》

《安基西拉青年人立像》
刻画心理的杰作

这件雕塑整体结构准确，姿态自然，强调表现人物个性特点和生理特征，尤其重视心理刻画。炯炯的目光，含情的嘴唇，都流露出了人物对未来充满信心。用铜料镶边、雪花石膏填白的眼睛使人物神采奕奕，真实感很强。人物的姿态和人体比例都呈现出追求个性化和温柔秀美的艺术风格。该作是希腊古典时期后期作品中比较重要的雕塑之一。

《小孩与鹅》

富有生活气自成的古希腊雕像

作者为古希腊青年雕塑家波厄多斯。《小孩与鹅》表现的是一个天真活泼的小孩和一只大鹅一起嬉戏的情景。儿童形象的刻画十分有趣：他使劲想把往前走的鹅扳回来，而这只鹅则直蹬着叉开的双腿，张开嘴来拼命与小孩抗衡。孩子的体态、动作和细腻的皮肤雕刻得十分真实、自然，顽皮的微笑和执拗的动作表现出儿童的本性，富有浓厚的生活气息。整个雕像表现细腻，动感十足，小孩与鹅的姿态优美动人，使观赏者们仿佛又回到了色彩斑斓的童年时代。

《拉奥孔》

体现了希腊化时代雕塑的激情

《拉奥孔》是希腊化时期的雕塑名作，它取材于特洛伊战争的神话传说，由阿格桑德罗斯和波利多罗斯、阿塔诺多罗斯共同完成。这座群雕鲜明地表现了拉奥孔和他两个儿子受蟒蛇折磨而挣扎的痛苦情状。雕塑构图采取了金字塔形的处理：中心人物拉奥孔形体较大，次要人物较小，两条扭动的巨蟒成为把三者连在一起的纽带，形成一个完整的三角形构图，显得稳定而富于变化。人物随蛇的缠绕扭动相互呼应，组成一个运动的整体。

《阿纳维索斯的库罗斯》

体现了古风时期雕塑的艺术特点

希腊人称青年人为"库罗斯"，意思是"小伙子"，所以，表现年轻人的这类雕像也都被称为"库罗斯"。《阿纳维索斯的库罗斯》为正面裸体立像，人物形象强健庄重，肌肉发达，左脚在前迈出一步，双臂自然下垂，姿态上还明显被古埃及"正面律"规则所严格束缚着。但人体的比例和肌肉的质感，比以前的作品已经有了十分巨大的进步。整个作品形象丰满，轮廓鲜明。雕像的脸部表情十分生动，嘴角挂着浅浅的微笑。这种微笑是古风时期的重要的艺术特点。

《胜利女神像》

令人神往的作品

这是一尊纪念性雕塑，头手残缺不全，立于底座的船头部分也已破损。雕像犹如从天而降，飞立船头，身上的衣服随着海风招展，好似张满的船帆一样，极其有力，

紧贴身躯的薄纱充满了生命的活力。雕像构思非常新颖，充分发挥了雕塑立体造型的特点。雕像上身呈前倾姿态，静中见动。从侧面看，女神的乳峰的最高点，腿和双翼的波状线构成一个钝角三角形，从而加强了前进的姿势。

《胜利女神像》

古希腊雕刻的分期

古希腊雕刻依照风格的发展，可以分为三个时期：古朴时期（Archaic period，约公元前800～前500年）、古典时期（Classical period，约公元前500～前334年）与希腊化时期（Hellenistic period，约公元前334～前30年）。

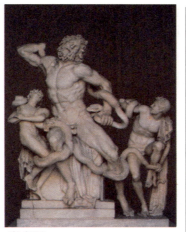

《拉奥孔》

《自杀的高卢人》
希腊现实主义雕塑的高峰

　　雕像表现了一个战败的高卢人不甘为俘虏，先杀死妻子，然后用短剑自刎的情景。他左手挽着已被他杀死的妻子，右手紧握利剑往自己的胸膛里刺去。雕塑家有意识地对人物的高大形体和激烈动作进行了生动刻画，将高卢人那种视死如归的强悍性格表现得淋漓尽致。在这较大型的构图中，强烈地表现了主人公格斗厮杀和忍受痛苦的情景。

《垂死的高卢人》
通过动作体现战斗性格的雕塑

　　一个身负重伤、右肋下正流着血的高卢人，面对死亡不甘心倒下，想拼命站起来，作品表现了主人公垂死挣扎的痛苦情景。雕塑家有意通过对人物痛苦挣扎的刻画来表现高卢人那种不屈不挠的战斗性格。作品中人物造型完美，比例准确，表现的情绪生动真实。这件雕像原本意图是表现战败者，却无意中凸现了高卢人的顽强精神。

《垂死的高卢人》

《神和巨人的战斗》局部

《神和巨人的战斗》
规模宏大的杰作

　　这是一座大型浮雕。内容表现奥林匹亚山众神与巨人们战斗的故事。作品中或两人对阵，或数人混战，组成一个个既有独立情节又有内在联系的战斗场面。作品以一种生机勃勃的场景取代了以前从容静穆的风格，对巨人强壮的肌肉、惊恐的表情和女神健美的身姿、自如的神态的刻画，充分显示了雕塑家高度纯熟的技巧。

《米洛的维纳斯》
希腊雕塑艺术的杰出典范

　　作者亚历山德罗斯。这件作品是外在美和精神美的统一，体现着青春、健美的活力和高尚的美德。端庄的身材、丰腴的肌肤、典雅的脸庞、微微扭转的站姿构成了雕塑和谐而优美的造型。尽管双臂残缺，却反而诱发出人们美好的想象，增加了欣赏趣味。这是一件融合了优美与崇高两种风格的作品。（图见第73页）

《尼罗河神群像》
希腊艺术与埃及艺术的完美结合

　　这座纪念性雕塑深受埃及艺术的影响。尼罗河是埃及的象征，也是富饶的象征。群雕中运用象征手法雕塑了一个健壮的男子，周围嬉戏的16个小孩代表尼罗河16条支流。这位尼罗河神斜靠在狮身人面像上，一手拿着象征丰收的谷物，另一手扶着象征大地的树木。作品人物造型生动，寓意深邃，明显地把希腊雕塑的某些形式与埃及的艺术传统结合在一起，形成了一种新的艺术风格。

《尼罗河神群像》

《波尔格塞的斗士》
艺术趋向世俗化的体现

　　作品刻画的是一位正在进行格斗的斗士一瞬间的动态，作者阿加西亚斯。斗士的头侧偏，目光犀利，似乎正凝视着对手，即将出击。作者不仅准确地捕捉到了这个瞬间，而且着力于对形象的体面关系的概括，造型极为准确，无论是形体，还是人体结构都是无懈可击的。作品对人物形象细致入微的塑造和高度的写实体现出了希腊化时期雕塑的特点。

《卡拉卡拉像》局部

《卡拉卡拉像》
用眼睛表现性格

这是皇帝卡拉卡拉的胸像，是罗马肖像雕刻鼎盛时期的代表作。卡拉卡拉是罗马历史上嗜血成性的暴君之一，雕像着重人物眼部的刻画——那对紧蹙的横眉之下的多疑而凶残的眼睛。鬈曲的头发和满脸的胡须，更进一步深化了凶残的性格。雕像在头部与衣纹的处理上，有意形成繁简的强烈对比，是罗马肖像雕刻中高度个性化了的作品。

《维纳斯蹲像》
洋溢着人文主义色彩的雕像

雕像表现的是维纳斯在沐浴时突然被陌生人窥视的情景。整个躯体被刻画得丰满细腻，每一个细节都处理得圆滑生动，女性含蓄柔媚的人体美被作者用神的形象表现出来。从这件作品对女性人体细致入微的刻画，可以看出罗马时期人们对人本身的关注与赞美。

《奥古斯都全身像》
君主雕像的典范

作品塑造出一个在千军万马之前亲自督战的皇帝形像：奥古斯都身披甲胄，手执权杖，举起右手，右脚向前跨出一步，似乎向士兵发号施令。他雄健匀称的体魄，富于细微变化的衣纹以及胸甲上的象征性图案，似乎在炫耀皇帝的威武。皇帝脚下雕刻了一个骑在海豚背上的小爱神丘比特，表明奥古斯都不仅是个伟大的统帅，而且还是位仁爱之君。

《君士坦丁大帝头像》
与罗马雕刻的优良传统背道相驰

从这件作品可见罗马帝国后期的艺术与后来欧洲中世纪的基督教艺术是一脉相承的。从现存头像的高度和一些残片的规模可推测，这件雕像原来是一尊巨大的坐像。罗马肖像雕刻以刻画人物性格著称的优良传统，在这件作品中遭到严重的破坏，肖像雕刻被一种抽象的概念和精神力量所代替。君士坦丁大帝巨像除了使人感到他的威严的权势力量以外，已无法了解他的真实面貌和个性了。

《君士坦丁大帝头像》

卢浮宫三宝

卢浮宫是法国著名的艺术博物馆，拥有艺术收藏品达四万件，其中最引以为豪的是雕塑《胜利女神像》《米洛的维纳斯》和达·芬奇的油画《蒙娜丽莎》，称为"卢浮宫三宝"。

《胜利女神像》
Nike of Samothrace
约公元前200～前190年
虽然没有了头和臂，可她那强烈的动势，使人不得不认为那是飞翔落地的一刹那。

《米洛的维纳斯》
Aphrodite of Melos
约公元前150～前100年
这是最为人所熟知的一座维纳斯雕像，尽管它的双臂残缺，却令人浮想联翩，增加了欣赏趣味，让人愈发觉得这是件不同凡响的作品。

《蒙娜丽莎》
Mona Lisa
1503～1506年
这是一幅享有最大盛誉的肖像画杰作，它背后的秘密引来众多人的猜测，甚至压过了在艺术上的成就。

文艺复兴时期的雕塑

·像艺术家一样思考·

文艺复兴时期雕像大部分都是表现健美人体的，这是人文主义思想的表现。这时期的雕刻家们充分认识到人在改造世界中的巨大力量，赞美人体的美，是对古代希腊艺术的一种"复兴"。文艺复兴雕刻艺术的前导是多那太罗，米开朗琪罗则是这一时期的艺术巨人，詹博洛尼亚则在意大利样式主义雕刻以及人物雕像上做出了不寻常的贡献。

想一想 古希腊雕塑与文艺复兴雕塑的一个共同主题是表现人体美，在这方面，这两个时期的雕像又有什么不同？

《基督受难像》
预示全新艺术风格时代的来临

作品中，基督没有被表现为钉在十字架上的全身形象，而是头戴荆棘，已经进入死亡状态的半身像。基督的面部十分宁静安详，似乎死亡并不能夺去人物原来的精神力量，睿智崇高的气魄力度依然清晰可辨。虽然现实中人物已死，在纯粹的精神光辉中，基督的形象依然是实在可敬的，令人感到惋惜。在这里已不是早期基督艺术给人的那种高不可攀、凡人不可企及的虚幻效果了，这座基督像风格的演变，预示着一个全新的艺术风格时代即将来临。

《持花女子的半身雕像》
半身像形式上的一次突破

作者韦罗基奥。在这件雕像中，女性衣服上的褶痕被刻画得异常鲜明，头部微微上扬，眼睛向前望去，表情安详。首次出现在半身雕像中的双手交错放置胸前，传达出女子的一些情绪。韦罗基奥是文艺复兴雕塑艺术前期的代表，文艺复兴时期的佛罗伦萨艺术家虽然精通大部分的用料和技巧，但韦罗基奥却格外多才多艺，除了身为金匠之外，他还是画家和雕刻家。

《持花女子的半身雕像》

《圣·乔治》
着眼于人性的雕刻

作者多那太罗，是现实主义雕塑的奠基人。作品中的少年面部表情刻画生动，每个细节都非常传神，眉宇微蹙，展现出勇敢少年忧郁的内心世界，紧闭的嘴角代表了一种理念和智慧。他的肢体语言也十分优美，双肩舒展，双臂自然下垂，双腿微分，是文艺复兴时期典型的理想人物造型。多那太罗是一位着眼于人性的雕刻家，这件作品中，少年所体现的并非神性的威严，而是一种英姿勃发的人性魅力。

《大卫》
毫无掩饰地展现自我

作者多那太罗。作品表现的是大卫手持宝剑脚踩敌人头颅的情景。头戴牧人帽子的裸体少年大卫呈 S 型造型，微微扭动的身躯具有一种律动美，肩臂及胸腔肌肉微微突起，显示了少年男子的美态。作者在五官的处理上极具有人情味，少年脸上洋溢着胜利的微笑，轻蔑又略带顽皮地看着他的敌人。敌人的头被处理得极为复杂，恰好与刻画简约的裸体少年形成装饰手法的对比。

《大卫》

《赫拉克勒斯与安泰》
富于戏剧性的雕刻

作者波拉约洛。这件作品展现了赫拉克勒斯与安泰搏斗的情景：传说中巨人安泰身体不离开大地母亲就会不可战胜，英雄赫拉克勒斯为了不让他触及大地，将他高高举起。富于戏剧性的表现是意大利文艺复兴雕塑艺术的主要特征之一。作者塑造的这两个裸体男人像，造型强劲有力，富有感染力。值得一提的是，作者将安泰的身体处理成脱离底座而飞舞在空中，这在西方雕塑中还是第一次出现。

《赫拉克勒斯与安泰》

《忏悔的抹大拉的玛丽亚》
反应德国上层阶级的审美趣味

抹大拉的玛丽亚原本是一个妓女，是基督教意义上的罪人，基督接受了她的忏悔后，她便弃暗投明，专心修道，后来成为有名的圣女之一。雕像中，抹大拉蓬松鬈曲的长发直垂到腰际以下，与身体的曲线成线与面、明与暗的对比，更鲜明地体现出她的丽质。美丽的外貌与圣洁的精神相映，达到内容与形式一致的哲学境界。

《大卫》

《大卫》
最优秀的男性裸体像

米开朗琪罗的《大卫》全身赤裸，毫不掩饰地展示着自己的男性魅力，这正是米开朗琪罗的艺术信念，即人体是神圣的。作品表现了一个运动的瞬间，大卫充满自信地站立着，一手拿着投石器，一手自然下垂，正向远处搜索敌人。从人体功能上，米开朗琪罗的《大卫》并未严格按精确的比例标准而做，但展示了无与伦比的美，是西方美术最值得夸耀的男性裸体雕像之一，它的伟大将永垂不朽。

《摩西》
震撼的力量与智慧

在米开朗琪罗的这尊雕像中，摩西身材魁伟，右手抱着写有"十诫"的石板，左手抚摸着长长的胡须，神情威严，向后的左脚给人一种随时准备行动的感觉。为了便于仰视，摩西的身体被做得略长，给人以稳定感。《摩西》带给人的是一种令人震撼的力量与智慧，它被认为是世界上最优秀的雕塑作品之一。

《垂死的奴隶》
成功表现了人物丰富精神世界的雕像

又名《入睡的奴隶》，是米开朗琪罗创作的成对雕像之一。作品塑造了一个似乎在开始动作的奴隶形象，他左手托住后仰的头部，右手似乎想要挣脱身体上的缚带。作品中人物动态呼应自然，表现了奴隶遭受痛苦折磨而奄奄一息、疲惫不堪的形态，他在睡梦之中既有对现实束缚、压迫的试图挣脱，又有在梦中之外的世界的一种安详酣然，表现了人物的丰富精神世界。

《垂死的奴隶》

《洛伦佐·德·美第奇陵》

《洛伦佐·德·美第奇陵》
人文主义思想的象征

作者米开朗琪罗。雕像中，洛伦佐穿着大氅，左手托腮，右手背过来放在大腿边。这是一种使人感到紧张的动作，表明他正在思索。这个"沉思默想的生命"坐在阴影里，阴影随着时间的流逝在石像上平稳而缓慢地移动，这位安静的英雄成了沉思与自省的象征。在表现英雄的形象上，作者一反往常的雄壮气势，洛伦佐看上去文雅端庄，更像个学者。这尊雕像并不追求肖像酷似，而着重表现一种沉默的精神，这是当时人文主义哲学的一种理想。

《圣母子》
精致与粗糙的对比

作者米开朗琪罗。作品中，圣母与圣子身体转向各异，雕像的动感强且结构紧密——米开朗琪罗的作品都有着紧凑的构图和非常克制的姿式。另外，在这件作品中作者有意将精致与粗糙进行了强烈的对比，丰富了雕塑艺术的表现力。

《哀悼基督》

《夜》
寄托米开朗琪罗爱国之情的作品

这是米开朗琪罗创作的象征晨、暮、昼、夜的四个男女裸体雕像之一。《夜》的女人体格健美，她斜躺在床上，正沉沉睡去，在她的脚边放着一束使人忘却一切忧虑的罂粟花。《夜》沉睡在黑暗中，但她有着青春的、健美的身体。她处在绷紧的状态中，一旦醒来，将迸发出强大的、不可抗拒的力量。这是一件寄托深远的作品。

《哀悼基督》
粗线条的表现手法

这是米开朗琪罗晚年的作品。在后面抱着基督的是先知圣约翰，旁边的年轻女子是圣母玛丽亚。作品手法粗犷，朴实无华，作者的激情全部放在悲剧效果的追求上，以至忽略了诸多刻画，使整个作品笼罩在一种极度悲伤、肃穆的气氛之中。

《珀耳修斯》

《珀耳修斯》
样式主义雕塑的代表

作品题材来源于希腊神话，表现珀耳修斯手提梅杜萨的头凯旋而归。作品中的帕尔修斯俨然是一副胜利者的形象，人物造型雄健准确，人体塑造结实有力，讲究外在形式的优美，是样式主义雕塑的典型代表。

《夜》

《弗朗西斯一世的盐罐》
精工细凿的奢侈品

切利尼是样式主义雕塑的代表人物。他制作的这个盐罐，把精致优雅的趣味与卓越的金银器物的制作技艺融为一体。两个希腊神话中的人物身体都向后倾斜着，肢体被作者有意地拉长了，人物动作形成了一种相互牵扯的静止动感，形象十分生动自然。这个盐罐以及承托盐罐与胡椒瓶的圆形底座，都经过了精雕细刻，工艺精巧至极，玲珑剔透，体现了作者样式主义的艺术风格。

《弗朗西斯一世的盐罐》

《枫丹白露的狄安娜》
影响枫丹白露派的雕塑

切利尼的《枫丹白露的狄安娜》是意大利样式主义和法国样式主义相结合的产物。雕像的形态明显受米开朗琪罗制作的雕像《晨》《暮》《昼》《夜》的影响，只在形象处理上有些夸大和变形。作品造型有力，构图生动活泼，线条流畅优雅。这类雕塑对法国枫丹白露艺术流派的形成，起过相当重要的作用。

《维纳斯和丘比特》
动与静的艺术结合

作者雅各布是意大利文艺复兴盛期的代表人物之一。这件作品中的维纳斯头微左侧，两臂分别略微抬起，左脚踏于海面上，右腿微屈，体态优美，面部表情恬静、温顺，给人一种圣洁之美。小丘比特坐在海豚上，头微侧仰，两臂张开，一副顽皮的表情，显得十分调皮可爱。作品维纳斯的静与丘比特的动形成对比，更增加了作品的艺术感染力。

《奔跑的墨丘利》
样式主义雕塑的代表

詹博洛尼亚的这件作品塑造了一个裸体少年形象，他头戴帽盔，左手持盘蛇杖，右手高高举起，双脚长有翼，正在往前奔跑。作品人物造型生动，富有动感，墨丘利高举起的右臂与高抬的右腿恰好形成一条直线，丰富了作品的构图。人物塑造符合样式主义那种从各个方面欣赏都能得到美感的特点，是样式主义雕塑的典型代表。

《奔跑的墨丘利》

《佛罗里达战胜比萨》
阐释样式主义的作品

詹博洛尼亚是意大利样式主义雕刻的代表人物之一。作品中，胜利的佛罗里达体态丰腴优美，右腿压着敌人的背部，比萨的形象犹如一块基座，佛罗里达的头部向左移动，与向右扭动的身体造成一种动态对比。作品造型准确生动，雕刻手法细腻逼真，构图优美，体现了詹博洛尼亚高超的雕刻技法。

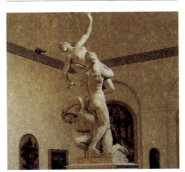

《萨宾人之劫》

《萨宾人之劫》
呈现出动态曲线美的作品

詹博洛尼亚的这件作品表现了萨宾女人被劫的故事。作品构图奇特，三位人物呈直线，互相缠绕上升，使整个作品有一股向上的力量，呈现出一种挣扎的、动态的曲线美。作品中人体塑造非常优美，男人体格剽悍结实，代表着刚强的力量，与女人的柔美婀娜形成鲜明对比；中间男人体的背部呈S形，是整个构图的中心。戏剧性的表现形式是这尊雕塑的特点。

17、18 世纪的雕塑

•像艺术家一样思考•

经 过了文艺复兴时期雕塑的恢宏之后，这一时期的雕塑风格趋向沉静自然，风格受巴洛克与洛可可艺术的影响最多，这方面重要的雕刻家有贝尔尼尼、法尔康涅等；后期出现了新古典主义雕刻，成就最为卓著的是卡诺瓦。另一个对雕塑艺术发展有着推动作用的雕刻家是乌东，他创作的众多的肖像雕塑丰富了这一领域的艺术表现手法，具有开拓意义。

想一想 文艺复兴与这一时期的雕塑作品，在精神上有何不同之处？在外部又是如何表现的？

贝尔尼尼

巴洛克艺术的大师

贝尔尼尼是意大利著名的雕塑家、建筑家。他一生中完成了大批的城市改造工作和建筑雕刻。他的创作规模宏大，内容与形式具有多样性，塑造了作家、演员、演说家等形象。贝尔尼尼的雕塑技巧娴熟，雕像如同绘画一样极富表现力，作品形象生动、真实，具有现实主义色彩。

《牧神被孩子嬉戏》

到处充满动感

贝尔尼尼的这组群雕是他早期的代表作品之一，内容表现牧神被孩子们嬉戏取乐的场面，运动与喧闹是这件作品的中心。牧神的身躯向后仰，两只胳膊一前一后，几乎构成一条直线。整个作品以一个树干作为倚靠点，树干上满是果实，树下躺着两只猎狗。这组雕塑构图生动活泼，到处充满动感，人物造型失去了文艺复兴时期的恢宏气势与力感，取而代之的是轻快与流动，体现了巴洛克艺术的风格。

《牧神被孩子嬉戏》

《马尔利的马》

不可征服的精神形象

《马尔利的马》是法国雕塑家库斯图的作品。雕刻家着力塑造那匹性情暴烈、气势雄壮而又难以驾驭的马，它昂首腾蹄，颇有不可阻挡的冲击势头。马旁雕一位驯马骑手，他企图驯服这匹烈马。马与人在形体和力度上形成对比，传达了一种不可征服的精神形象。在雕刻技巧上，雕刻家明显继承了巴洛克艺术手法。

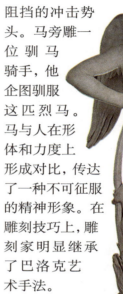

《爱神用赫拉克勒斯的粗木做弓》

《爱神用赫拉克勒斯的粗木做弓》

一尊善于构图的雕像

法国雕塑家布沙东的代表作之一。该作品以神话故事为题材，塑造了一个长金翅膀的活泼少年丘比特。作品中丘比特双手正在撼木棒，身后的翅膀华贵而丰满。他面容清秀，神态机敏活泼，眼睛流露出对人间的美好祝福和希望。体现了当时法国古典主义雕刻的写实风格。

《浴女》
洛可可与古典主义结合的典范

法尔康涅代表了18世纪法国洛可可雕刻的最高成就，这件作品是他的代表作。作者表现了浴女脱下衣裙，双足即将踏入水中的瞬间动态，运用现实主义的创作手法塑造了一个美丽、典雅、纯洁的女子形象。人物体形丰满迷人，《浴女》线条柔和流畅，造型简洁朴素，动态和谐自然。优美舒展的体态特征与现实主义的塑造风格，明显地继承了洛可可艺术的特点，同时融合了古典主义的简洁风范。

法尔康涅
糅合多种风格的雕塑家

法尔康涅是法国的著名雕塑家。从他的大量作品中既可以看到巴洛克美术、洛可可美术的某些影响，又可反映出他在启蒙运动的影响下表现出的现实主义倾向。他的雕塑作品有着进取性、自然趣味、生活气息等风格，这与追求华丽纤巧、装饰趣味的洛可可艺术有很大的区别。法尔康涅最著名的作品是彼得大帝的雕像《青铜骑士》。

《吓唬人的爱神》
法尔康涅最精细的作品

法尔康涅的又一代表作《吓唬人的爱神》刻画的是一位形象可爱的小爱神。他背有双翅，身体倾斜，头部微低，一只手伸着食指，抵住上嘴唇，似乎在告诉大家：不要出声，我要去吓唬她了。那表情、那动态、那心理活动刻画得栩栩如生，相信每一位看过此件雕塑的人们都将会被小爱神这顽皮的童真所感染，而留下深刻难忘的印象。

乌东
卓越的肖像雕塑大师

乌东是法国卓越的肖像雕塑大师，又是法国写实主义雕塑的代表人物之一。他一生创作了160多件头像、胸像，为肖像雕塑艺术的发展做出了巨大的贡献。在技法上，乌东的雕像注重质朴的刻画，尤其是通过眼神的刻画来表现人物的精神个性，使形象的深刻性得到升华。

乌东作品《托马斯·杰斐逊》

《富兰克林肖像》
凝练了人物的一生

这件作品体现了乌东追求刻画人物心理的特点：在极为有限的胸像范围内，力求概括出人物一生的经历和其所处时代的特征。富兰克林是一位富有个性的美国社会活动家、作家和科学家。雕塑家对他进行的严谨的形体塑造，使其形象显得庄重安然，蕴含着宏大的气度，整个塑像的形体处理得极其概括、凝练。作者用现实主义手法，形象逼真地刻画对象，为肖像雕刻的发展写下了不朽的一页。

《富兰克林肖像》

《爱神之吻唤醒了灵神》
新古典主义雕塑的代表作

《爱神之吻唤醒了灵神》是卡诺瓦的代表作之一，也是奠定他新古典主义雕塑风格的作品。这尊尺寸不大的塑像被雕刻得极为精细，充分显示了作者的高超技艺。作品中爱神的双翼极薄，有一米多长，却无一点断裂损坏。作品不仅表面极其光洁，而且形式感也很强，充满了浪漫的色彩。雕塑中表现的爱神之吻没有肉欲，不带激情，在平静的气氛中用精神唤醒了心灵之神。雕像显示了艺术家对形式美的追求。

19、20世纪的雕塑

·像艺术家一样思考·

这是一个艺术思想激变的时代。19世纪初期，欧洲雕塑出现了浪漫主义思潮，浪漫主义者热情地肯定生活和自然，并以此为表现的核心，强调个性，把感情和想象看做是创作上的重要因素，最有代表性的人物是法国的吕德。现实主义雕刻出现在19世纪中叶，主张艺术要表现生活，使作品生动有力，并能揭示活生生的现实生活中的人，要运用雕塑的特殊语言来表现生活中的真实。象征主义出现在19世纪末和20世纪初，主张以象征的方法来表现生活中的潜在奥秘，强调启示性的美感和体现寓意性世界。

想一想 象征主义雕塑的寓意往往含糊不定，应该怎样来理解它？

吕德
浪漫主义雕塑的代表

吕德是法国浪漫主义雕塑的代表人物。他的作品充满激情，具有革命气息，内容与形式都突破了古典主义强调理论而缺乏感情的局限。作品《渔童》是反映劳动者日常生活题材的作品，这对学院派的古典传统来说是一个极大的突破，是西欧雕塑史上从古典主义过渡到浪漫主义的一件代表作。

《永生的拿破仑》
与众不同的拿破仑肖像

拿破仑战功卓著，一生充满神奇，众多艺术家以他为题材进行创作时，都着重表现他英姿飒爽、勇敢杀敌的情景及执政时的威严。但这件作品与上述的不同，作者吕德主要表现的是在激烈的战斗后，拿破仑的战败状态。拿破仑非常疲倦，十分寒冷，缩在大斗篷中，身体斜躺着，紧闭双目，只露出头和胸部，面目严肃，穿着挺直的军装，一切都显得从容、自然。

《永生的拿破仑》

《马赛曲》
浪漫主义雕塑最杰出的作品之一

这是吕德的一件浮雕作品，表现了法国人民为反对奥地利的武装干涉，高唱《马赛曲》进军巴黎的爱国热情和集体英雄气概。浮雕上部一位手持长剑，狂展羽翼的女神正在号召和指引人民奋起杀敌；浮雕下部，是一群为了国家尊严和人民自由而战的志愿军。这两部分组成一个激情动荡、目标一致的整体。这座浮雕上下两部分紧密呼应，韵律完整，局部细腻，整体和谐，动势强烈，是极具号召力和感染力的作品。

《玩乌龟的那不勒斯渔童》

《玩乌龟的那不勒斯渔童》
从古典主义过渡到浪漫主义的名作

雕刻者吕德。这是一件造型极为优美、雕刻技巧非常精致的作品。由于作者对于生活的深入理解和观察，将渔童的形象刻画得非常生动，尤其那蓬松的卷发越加显示出性格上的无拘无束。这种反映劳动者日常生活题材的作品，对于学院派的古典传统来说，是一个极大的突破，因而这件作品也是欧洲雕刻史上，从古典主义过渡到浪漫主义的一件名作。

《社会名流》
讽刺肖像雕刻的精品

现实主义艺术家杜米埃以其娴熟精湛的讽刺表现手法和关注社会的敏锐目光，于1831年创作了一组36件漫画式的黏土油彩绘雕塑头像，表现的是当时巴黎政界和文化界最有名的人物形象，作品题目为《路易·菲力普中庸政府的名流》。多米埃以他无情的表现手法，在这些作品中严厉地刻画了这些人物丑陋的面目，揭露了隐藏在背后的人格。

《旅行者》
利用动作画出了无形的强风

作者梅索尼埃以表现战争场面和风俗世态的作品而闻名。他在雕塑方面表现得纵横自如，作品常常表现得生动而又有即兴的新鲜感。这件名为《旅行者》的雕塑是一件模制彩色蜡塑制品，人物着装用织物制成，马嚼子用金属制成，缰绳用皮革制成。作品动感强烈，人物身体前倾，尤其是马弓着的颈部与挺直后蹬的腿部，刻画出一幅逆着强风而行的旅途景象。

《乌戈利诺及其子孙》

《乌戈利诺及其子孙》
"与拉奥孔十分相似"的作品

这是卡尔波的一件名作。乌戈利诺是与诗人但丁同时代的人，由于党争而被关在城堡的塔楼上，并且殃及子孙，都被活活饿死。这件作品悲怆动人，人物表情及动态、心理刻画细致入微：乌戈利诺晦暗的眼神，撕嘴啮手的动作，充分表现了他在悔恨与绝望中啮噬内心以至于无可解脱的情状。

罗丹
欧洲承前启后的雕刻家

罗丹是法国著名的现实主义雕塑家，善于用丰富多样的绘画性手法塑造出神态生动、富有力量的艺术形象。他偏爱悲壮的主题，擅长从残破中发掘出力与美，这使他的雕塑具备了博大精深的品格，深刻揭示了人类的丰富情感。罗丹和他的学生马约尔、布德尔被誉为欧洲雕刻"三大支柱"，对欧洲近代雕塑的发展产生了很大影响。

《地狱之门》
一扇伟大的门

《地狱之门》是罗丹花费20年仍然没有真正完成的作品，其全部约200个形象，错综复杂，自成一个世界。为了这扇伟大的门，罗丹如饥似渴地阅读但丁史诗，塑造出许多分散题材的形象和肢体用以组合或重新组合。如左门扇上端悬挂着的《坠落的人》筋骨强健，与右边的《蹲女》组合起来称《我是美的》。这是一件构思宏大的作品。罗丹从《地狱之门》中提炼出众多形象，如《思想者》《亚当》《永恒的春天》等，分别制作成单独的作品都成为备受赞赏的杰作。

《旅行者》

《沉思》

刻画出了精神的头像

这是罗丹所作的一个头饰朴素、容貌清秀的年轻女子头像。作者大胆地舍弃了对人物身体其他部分的刻画，并在头像下面有意采用简陋粗雕的石材作为底座，这是为了突出人物沉静思考的主题，也是为了避免转移观者的注意力，从而突出这位女子陷入思考的面部表情和悲愁的精神状态。

《沉思》

《吻》

最著名的表现爱情的雕塑

罗丹以颂赞爱情为主题的雕塑作品非常多，这件作品表现两个人物拥坐在石座上，上半身紧靠在一起，整体呈现出稳定的三角形。热情拥抱恋人的女人，让自己斜倚在对方身上，尽情舒展，把女人魅力发挥到极限，身体由手至脚一波三折，呈优美的"S"形。

《思想者》

《思想者》

罗丹最具国际声誉的作品

《思想者》是使罗丹享誉世界的代表作。雕像表现一个强壮的巨人弓背坐在石头上，沉浸在全神贯注地冥想之中。值得注意的是，他的右肘支撑在左腿上托着下巴，而且左臂也轻搭膝盖。这个造型看起来简单合理，可在现实生活中，人们如果摆出这样的姿势是极其不舒服的，但正是这点不舒服悄然体现了罗丹强调的主题。

《吻》

《青铜时代》

罗丹的成名作

据说罗丹的这件作品是一个依据真实人物塑造的男子裸体雕塑，手法写实，却以"青铜时代"为题来象征人类的启蒙时代。作品中的男子左手握拳，右手扶头，面孔昂起作思索状，右腿微微起步。整个雕塑充满了青春活力，意味着人类即将进入智慧的创造期。在这件作品中，罗丹以写实主义手法塑造了一个真实而有血有肉的形象。

《青铜时代》

《巴尔扎克》

众多同类作品中的出类拔萃者

在巴尔扎克去世后，罗丹收集大量材料，为巴尔扎克塑造了很多雕像。而这件作品是在经历过众人多角度的评判后才确立艺术地位的。雕像表现的是巴尔扎克积劳成疾，夜不能寐时，披起睡衣徘徊踱步的情景。巴尔扎克昂首挺立，把观者的视线引向头部，虽然乱发蓬松的头部显得有些虚弱，但是他的眼睛是一双敏锐的观察者的眼睛，一双能创造出比真实更生动有力的眼睛。仅此一点，伟大作家高昂气质、桀骜不驯的生活态度被表现得淋漓尽致。

《十四岁的小舞伶》
德加一生中唯一展出过的雕塑品

作者德加。这座雕塑用到了真正的毛发，女孩的芭蕾舞衣和舞鞋也是布做的。德加在这里推翻了雕塑的传统，从这件作品以后，德加再也没有展出过雕塑。小舞伶的头稍微向后仰，右腿向前伸出，在观者的目光注视下，这位舞者似乎要随时准备离开基台。有人认为这位舞者的右脚底构成非常完整，而且完全考虑到三度空间的特质。要欣赏这件雕塑品，观众不能从单一视点来看，而必须环绕着雕像从不同的位置来欣赏，就像是欣赏古代最成熟杰出的雕塑。

《十四岁的小舞伶》

《地中海》
庄重、沉静的不朽

马约尔是法国著名雕塑家，《地中海》是他成熟期的一件杰作。整个雕像结构相互依托，线条单纯优美，情调朴实明快，光滑的大块的面体现着女人身体的圆滑和力量。她仿佛低头沉思，丰满的人体比喻地中海的富饶壮美，或是作者对自然的赞美。作者主张简化细节，创造出一个在任何光线、角度下都能看到的无实质差异的物体形式，同时他以收敛的人体构架、松弛的状态来建立一种庄重、沉静的不朽。

《被缚的身躯》
追求简练的雕像作品

没有头和四肢的裸体躯干是马约尔经常表现的主题。这件作品中的人体简练到除去头部四肢的大块细节，是一种艺术表现手法的超越。不完整的躯干透出不可忽视的完整的象征意义：革命精神和强烈的愤怒感，即使被锁链反绑，但身体充满生命的活力。这种表现形式不仅融会了作者所追求的艺术形式，并且表达了艺术家对有大无畏性格的革命女英雄崇敬和赞美之情。

《被缚的身躯》

《女人体》
追求朴实的效果

《女人体》是英国雕塑家亨利·摩尔用新材料创作的尝试之作。自然木纹的表现反映了现代主义的一贯追求，简练粗略的造型体现出强烈的现代感。作品注重描绘女人的特点，特别是大腿，几乎占去整件雕塑的三分之二，给人的感觉是稳定结实、不可动摇。作品光滑细腻，天然的木纹、追求朴实的效果被作者表现得淋漓尽致。

《国王与王后》
完全的现代主义雕塑

《国王与王后》是英国雕塑家亨利·摩尔的作品。群雕中人物的头部描绘完全是自然界中岩石的形态，既神秘又奔放；夸张的、不成比例的身体板正直立，显示出高傲与威武的王者风范。这是件艺术性和思想性极高的优秀作品。

《拉什莫尔国家纪念碑》
美国开国时代的象征

《拉什莫尔国家纪念碑》是博格勒姆等人制作的巨型纪念性雕塑，雕刻了美国建国一个多世纪中，具有代表性的四位总统：华盛顿、杰斐逊、林肯和罗斯福的雕像。头像采用写实的手法塑造，规模庞大，气势宏伟。这件作品在美国人的心目中是美国开国时代的象征，具有重大的纪念意义。

圆雕与浮雕
雕塑一般分为圆雕、浮雕两种。圆雕指不依附任何背景的、立体的雕塑；浮雕是在平面上雕出浮凸形象，只能从一个方向欣赏，背面依附于建筑或器物上。

——建筑——
古代埃及、希腊、罗马建筑

· 像艺术家一样思考 ·

这 三个文明古国共同创造了辉煌的人类文明，其中包括壮丽的建筑成就。古埃及以庞大的规模、简洁稳定的几何形体和明确的对称轴线达到了雄伟、庄严、神秘的建筑效果。古希腊以石块的完美砌合创造了建筑奇迹。古罗马继承希腊建筑成就，并广泛创新，达到西方古代建筑的又一个高峰。

想一想 为什么在古埃及建筑中几何形体备受青睐？

埃及金字塔
埃及的代名词

金字塔是古埃及法老的陵墓，因形似汉字"金"字，故称"金字塔"。古代埃及、西亚和墨西哥等都有金字塔，以埃及的最著名。埃及金字塔共70余座，其中最著名的是胡夫、哈弗拉金、门卡乌拉金字塔。胡夫金字塔是众金字塔中最高大的一座，约建于公元前27世纪，全用石块砌成，石块之间没有任何水泥黏着物，体现了建筑师高超的建筑技巧。

雅典卫城
希腊的心脏

雅典卫城是祀奉雅典守护神雅典娜的地方，建于公元前5世纪，反映了古希腊建筑的成就。卫城位于雅典中心偏南的一座小山顶的台地上，总体布局自由，顺应地势安排，山上各种建筑贴边而立，柱廊朝外。西端是雄踞于陡崖上的胜利神庙，布置得体，能满足祭祀仪典和从山下瞻仰的要求。

帕特农神庙
古希腊建筑艺术的纪念碑

古希腊雅典卫城祭祀守护神雅典娜的神庙，建于公元前447年，是希腊本土最大、最纯粹的陶立克柱式神庙。神庙在卫城最高处，是一座围廊式建筑，前面有8根陶立克式柱，侧面是17根。圆柱上雕有雅典祭祀时的浮雕群像。后廊是宝库，由一群少女管理神器，神庙因此得名，因为"帕特农"希腊语就是"少女室"的意思。

古罗马皇宫
古罗马帝国的缩影

古罗马皇宫主要有三处：古罗马城巴拉丁山的宫殿群、罗马城东的哈德良离宫和戴克利先行宫。巴拉丁山从奥古斯都时代起就是历代皇帝居住的地方，经过多次大规模营建，建有宏伟的宫殿建筑群。哈德良离宫建于公元126～134年，建筑群包括宫殿、浴场、图书馆、剧场和花园等。戴克利先行宫建于4世纪初，由陵墓、神库、寝宫和行政机构四部分组成。

世界著名的三大金字塔

科洛塞奥角斗场
这里是人与人、人与兽搏斗的场所。

古罗马浴场
古罗马最舒适的地方

公共浴场是古罗马建筑中功能、空间组合和建筑技术最复杂的一类。一般包括热水厅、温水厅、冷水厅三部分，结构采用拱券式。大型的皇家浴场还有图书馆、讲演厅和商店等。其主体建筑为长方形，完全对称，纵轴线上是热水厅、温水厅和冷水厅；两侧各有更衣室、按摩室、涂橄榄油室和蒸汗室等。著名的浴场有卡拉卡拉浴场、戴克利先浴场和君士坦丁浴场。

罗马著名的万神庙，又名潘提翁神庙。

古罗马万神庙
古罗马建筑的代表作之一

这是古罗马城中心供奉众神的殿堂，建于公元120～124年。万神庙的平面为圆形，上覆穹顶，这个古代世界最大的穹顶直径达43.4米。墙壁上点缀了青铜浮雕。万神庙正面有长方形柱廊，柱廊宽34米，深15.5米，有科林斯式柱16根，分三排排列。神庙各部门的比例都采取了罗马式的建筑，发挥了典型圆顶建筑的效果。

罗马大角斗场
世界上最著名的"体育场"之一

在罗马有很多角斗场，其中罗马大角斗场规模最大，又称"科洛塞奥角斗场"。角斗场中央为斗兽场，外圈是为保护观众而设的栅栏。斗兽场的立面高48.5米，从下而上分别为陶立克式、爱奥尼克式、科林斯式和没有拱洞的混合式圆柱。二、三层还有100尊大理石雕像。整座建筑具有一种压倒性的明快感和韵律感。

古城庞贝
罗马文明的见证

庞贝城约建于公元前7世纪，曾被火山湮没，千余年后才被人发掘。出土后的庞贝城东西长1200米，南北宽700米。城内四条大街呈"井"字，沿街有排水沟。城内最宏伟的建筑都在公共广场四周，有神庙、公共市场、市政中心大会堂等，另外还有集贸市场、公共浴池、体育馆和剧场等。

罗马君士坦丁凯旋门
英雄的赞歌

凯旋门是君士坦丁大帝为庆祝言败马克森夏斯而建的纪念性建筑。古罗马有三大代表性凯旋门，即泰塔斯帝凯旋门、塞维尔斯凯旋门和君士坦丁凯旋门，以君士坦丁凯旋门最著名。这座凯旋门的基本骨架是科林斯式的圆柱。正面中央一个大拱洞门，左右各有一个小拱洞门，称"三拱式"，上面有很多浮雕装饰，保存了罗马帝国各个时期的雕塑，是一部生动的罗马雕刻史。由于这座凯旋门调整了高与宽的比例，横跨在道路中央，显得形体巨大。

君士坦丁凯旋门

拜占庭建筑

拜占庭建筑拥有着拜占庭帝国的独特风格。它继承了古罗马的建筑文化，又汲取了波斯、两河流域、叙利亚等东方文化。拜占庭建筑主要有四个特点：屋顶普遍使用"穹隆顶"；整体造型中心突出，高大的圆穹顶往往是整座建筑的中心；穹顶支撑在独立方柱上；色彩既有变化，又注意统一，建筑内部空间与外部立面显得灿烂夺目。

想一想 拜占庭建筑对后世的建筑风格有哪些影响？

圣索菲亚大教堂
拜占庭建筑最光辉的代表

伊斯坦布尔的圣索菲亚大教堂是拜占庭帝国极盛时期的纪念碑。教堂是集中式的，中央穹隆突出，四面体量相仿但有侧重。中央大穹隆直径32.6米，穹顶离地54.8米，通过帆拱支撑在四个大柱墩上。其横推力由东西两个半穹顶及南北各两个大柱墩来平衡。建筑内部空间丰富多变，穹隆底部密排着一圈40个窗洞，光线射入后，大穹隆显得轻巧凌空。

狄奥多西方尖碑

狄奥多西方尖碑
罗马社会的记录者

狄奥多西方尖碑坐落在伊斯坦布尔，继承了君士坦丁凯旋门浮雕的衣钵，是拜占庭式建筑融合东西方艺术风格的体现。基座上刻着当时代表着"文化气息"的希腊和拉丁文字，记载了帝国的盛况。上方是社会显要们的浮雕，其中西罗马的瓦伦蒂娜二世和东罗马的狄奥多西一世正享受着荣耀的浮雕，具有很大的史料价值。下方则是所谓"野蛮人"的粗糙雕像。

圣维塔莱教堂
意大利查士丁尼时代最典型的拜占庭建筑

圣维塔莱教堂的八角设计和穹顶中心结构延续着罗马风格的传统，庞大的结构使其在空间效果上能充分发挥想象力。明窗下，中堂墙壁为一系列半圆形壁龛，壁龛穿透侧堂，将中堂和侧堂联为一体。拱顶结构使得每层都能打开窗户，光线由此充溢室内。祭坛两侧的镶嵌画有趣地表现了帝国皇帝强烈的自我本位意识。

圣维塔莱教堂

埃灵洗礼堂
重现基督降临的盛况

这是意大利拉文纳两座洗礼堂中更年轻的一座。其著名的圆顶镶嵌着耶稣受洗礼的壁画，周围环绕着12个圣徒及一个空着的王位。整个洗礼堂呈八角形，有四个很小的后殿，位于从前圣灵大教堂中的一个广场上。如今洗礼堂向地下沉降了两米多，但其拜占庭式的四顶依然保持完好。

圣马可大教堂西侧的四匹金色铜马

斯图代尼察修道院
塞尔维亚的拜占庭之花

斯图代尼察修道院是塞尔维亚最古老、最壮丽的宗教拜占庭式建筑群，建于12世纪末期，其中最重要的组成部分是圣母教堂和国王教堂。整座教堂为砖木结构，围墙由修道院附近石场的白色大理石构筑，因为年代久远，好像被抹了一层金色的锈斑。圣母教堂中殿和礼拜堂的壁画，及国王教堂内的壁画被认为是13～14世纪拜占庭艺术中最杰出的艺术品。

圣瓦西里大教堂
俄国最美丽的教堂之一

圣瓦西里大教堂是1552年沙皇伊凡四世为庆祝喀山战役的胜利而建的。大教堂由九座参差不齐的高塔组成，中间最高的塔高17米。各高塔彼此的样式和色彩都不相同，但却显得十分和谐。绚丽的色彩使教堂分外夺目，大教堂因此获得了"用石头描绘的童话"的美誉。因为圣瓦西里的遗骨葬在教堂北端的小祭室，所以大教堂就以圣瓦西里命名。传说教堂建成后，伊凡四世弄瞎了所有参与建造教堂的建筑师的眼睛，因为他不想让这些人再造出更美的建筑。

圣马可大教堂
世界上最美的教堂

威尼斯的圣马可大教堂是拜占庭建筑的又一经典之作。巨大的圆顶和灿烂的镶嵌画是它最突出的特点。大教堂由五个巨大的圆顶主厅和两个回廊式前厅组成。正面有五座菱形罗马式大门，顶部有东方式与哥特式尖塔，中间大门的尖塔顶部安有圣马可塑像。内部的嵌镶画使它显得十分雄伟壮观、富丽堂皇。

威尼斯圣母玛丽亚教堂
拜占庭装饰的典范

这座教堂沿用了先前罗马基督教会会堂、拜占庭穹顶的样式，以柱廊分隔空间，并充分发挥了拜占庭风格中对大理石、马赛克的应用。白色大理石的巧妙应用和多彩的马赛克拼贴图完美组合，使建筑内部呈现一种庄重、典雅而不失辉煌的雍容气质。

圣瓦西里大教堂蘑菇形的彩色屋顶

哥特式建筑

哥特式建筑是 11 世纪下半叶起源于法国的一种建筑风格，主要见于天主教堂，也影响到了世俗建筑。建筑主要采用尖券、尖拱和飞扶壁等结构。哥特式教堂的内部空间高旷、单纯、统一。装饰细部如华盖、壁龛等也都以尖券作主题，建筑风格与结构手法形成一个有机的整体。哥特式建筑以其高超的技术和卓越成就在建筑史上占有重要地位。

想一想 为什么哥特式风格多见于教堂建筑中？

巴黎圣母院
第一个具有深远影响的哥特式建筑佳作

巴黎圣母院是欧洲早期哥特式建筑和雕刻艺术的代表，标志着纯粹的尖拱形建筑格局已形成。建筑的整个平面呈十字架形。墙壁、屋顶、门窗都有精美的雕刻和装饰。教堂正立面三座大门的尖拱形墙壁上布满了神像。圣母院西边有两座高耸的巨塔，塔有三层，分别是国王画廊、玫瑰巨型花窗和可穿行的回廊。彩色玻璃大窗使建筑形成一种神话般的境界。

巴黎圣母院

亚眠大教堂
哥特式建筑成熟的标志

亚眠大教堂是法国哥特式建筑盛期的代表作。教堂由三座殿堂、十字厅和设有七个小礼拜堂的环形后殿组成。教堂正面拱门之上是一面直径为 11 米的颇具特色的巨型火焰纹玻璃圆窗。其中厅拱高达 43 米，厅内四根细柱附在一根圆柱上，形成束柱。教堂的西立面和南立面上是称为"亚眠圣经"的雕饰群。

沙特尔大教堂
"中世纪最杰出的建筑艺术之家"

法国著名的天主教堂，与兰斯大教堂、亚眠大教堂和博韦大教堂并列为法国四大哥特式教堂。两侧各有一座互不对称的尖塔钟楼，从远处看格外醒目。沙特尔大教堂有 100 多个彩绘人物的玻璃窗，再现了基督布道的场景，故又被称之为"神秘教堂"。

科隆大教堂
哥特式建筑理想的极致

科隆大教堂位于德国莱茵河畔的科隆城，建于 1248～1880 年，是建筑时间最长的教堂。教堂全部由磨光的石块砌成，内部采用框架结构，高耸入云的双塔高达 157 米，无数小尖塔将教堂顶部装饰得无比辉煌。尖拱屋顶高达 45 米，达到了哥特式建筑理想的极致。

托莱多大教堂
西班牙哥特艺术的充分体现

托莱多大教堂位于马德里城南的托莱多城内。如同所有的哥特式建筑一样，教堂的正面有一高塔，塔的顶部像一个"胡椒瓶"，上面有三层芒刺的冠状装饰。教堂正面有三个入口："地狱门"、"免罪门"、"审判门"。哥特式钟楼可供游人登高观赏全城景色。教堂的主厅高11米，是世界上最宏大的教堂主厅之一。

约克大教堂
英国装饰风格的哥特式建筑

　　约克大教堂是阿尔卑斯山以北全欧洲最大的哥特式教堂。其采光问题靠许多多叶式窗户分割的玫瑰窗和数量为单数的尖券窗的组合解决。其中包括大不列颠岛最大的中世纪彩色玻璃花窗。教堂内立面由三层构成，但中厅看上去似乎只有两层，带有明显的辐射式风格，气势雄伟，号称世界第一中厅。

威斯敏斯特教堂
伦敦乃至英国历史的缩影

　　威斯敏斯特教堂宏伟、壮观，是英国哥特式建筑的杰作。教堂平面呈拉丁十字形，总长 156 米，宽 22 米；大穹隆顶高 31 米，钟楼高 68.5 米。教堂的柱廊宏伟凝重，双塔高耸挺拔。教堂有一个英国"垂直式"的小礼拜堂，堂内装饰精致华丽，玻璃窗五彩缤纷。整个教堂既富丽堂皇，又神圣肃穆，是英国王室加冕、婚庆和墓葬所在地。

米兰大教堂
世界第三大教堂

　　意大利米兰大教堂是欧洲中世纪最大的教堂之一，始建于 14 世纪，到 19 世纪才完成。教堂全由白色大理石筑成，中间拱顶高 45 米。花窗、扶壁和 135 个尖塔都表现出向上的趋势，且每个塔尖上都雕有神像。意大利人字形山墙也装饰着哥特式尖券、尖塔，但门窗已有文艺复兴晚期的风格。教堂的内外部还有 6000 多个雕像，是世界上雕像最多的哥特式教堂。

米兰大教堂

圣斯蒂芬大教堂
"维也纳的精魂"

　　圣斯蒂芬大教堂是维也纳的象征，是欧洲最高的几座哥特式古建筑之一，带有东欧教堂地方特色。大教堂由一座主体楼和三座楼塔组成。南塔高 136.7 米，成锥体形直插云霄，是典型的哥特式风格。而大门和左右两侧的门墙为罗马建筑风格。教堂顶盖外面绘有大面积的图案纹，有"维也纳精魂"之称。

"希腊十字"与"拉丁十字"布局

　　等臂十字形的"希腊十字"布局是拜占庭建筑的主要形式，后也用于哥特式、文艺复兴式建筑。直长横短的"拉丁十字"布局是基督教教堂严格恪守的建筑形式，它形象地比喻了耶稣基督受刑的十字架，具有强烈的宗教象征意义。

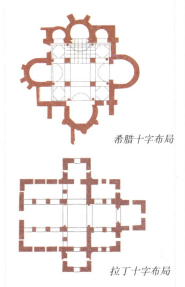

希腊十字布局

拉丁十字布局

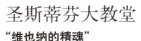

威斯敏斯特教堂

文艺复兴建筑

文艺复兴建筑是 15~17 世纪流行于欧洲的一种建筑风格。它扬弃了中世纪的哥特式建筑风格，提倡复兴古希腊罗马时期的柱式构图元素，特别是古典柱式比例、半圆形拱券，以及以穹隆为中心的建筑表体等，建筑类型、形制和形式也比以前增多了。以意大利为代表的文艺复兴建筑对后世建筑风格产生了广泛持久的影响。

想一想 为什么文艺复兴建筑会复兴古罗马时期的建筑形式？这是否是一种倒退？

圣彼得小神殿
具有古典特征的文艺复兴式建筑

圣彼得小神殿坐落于意大利的罗马，是一座充满美感和宗教感的圆形建筑。小神殿去掉了一切装饰，朴素、干净，以独特的设计理性著称。它的额枋部分有标准的小壁间，入口上方有象征圣杯和圣饼的标志。它的立面以托茨坎式柱子支撑，这是古罗马陶立克柱式衍生的柱形，堪称第一座与陶立克柱式精神相符的文艺复兴建筑。

圣马可图书馆

圣彼得大教堂
文艺复兴建筑的纪念碑

圣彼得大教堂指的是罗马城内的梵蒂冈教廷教堂，这是世界上最大的天主教堂。大教堂始建于 1506 年，其平面为拉丁十字布局。在十字的正中覆盖着大穹隆顶，由雕塑家兼建筑家米开朗琪罗设计，体现着鲜明的文艺复兴风格。大穹隆顶四角又有小穹顶。整个教堂以花岗岩建造，外墙用大柱式的壁柱装饰，集中了 16 世纪意大利设计、建筑、结构和施工的最高成就。

圣彼得广场
世界上最对称、最壮丽的广场

圣彼得广场位于圣彼得大教堂前，是全罗马最大的广场。广场呈椭圆形，两侧由半圆形的圆柱回廊包围。回廊由 284 根圆柱和 88 根方柱组成，分四排，形成三条走廊。每根柱顶都雕有大理石雕像。广场中央有一座造型奇特的埃及方尖石碑。整个广场表现出罗马式的文艺复兴建筑风格。

圣彼得大教堂

圣马可图书馆
珊索维诺的杰作

圣马可图书馆位于威尼斯圣马可广场，为 16 世纪的建筑，是著名建筑师珊索维诺在威尼斯留下的一个杰作，所以这座图书馆又以他的名字命名。建造时，珊索维诺选择了一个狭长的地带来修建，并采用了和总府邸一样的双层拱廊结构，只是在高度上略低一些。这个使用古典式柱子的长长的拱廊，简洁悠远，如今成了一个遮荫休闲的公共场所。

梵蒂冈宫中西斯廷小教堂顶棚上的壁画《创世纪》

梵蒂冈宫
世界天主教的中枢

梵蒂冈宫位于意大利首都罗马的西北角。梵蒂冈宫南北轴线长300米的宫殿和庭院依地势高低起伏而建，从南到北依次是教皇宫、露天剧场、教堂、大小喷泉和瞭望楼。瞭望楼下设有一个高大的龛，仅以半个穹顶覆盖。这种独出心裁的美妙构思表现了建筑师的创作魄力。宫内的西斯廷小教堂更是文艺复兴时期的建筑杰作。

圣玛丽亚大教堂
文艺复兴建筑的开端之作

位于佛罗伦萨的圣玛丽亚大教堂更是典型的文艺复兴式建筑。教堂立面分上下两层，下层中央是一个巨大的半圆拱门，上层四个壁柱托着一个山形墙，中间的壁柱开有一个巨型圆窗。教堂最突出的就是屋顶高大的圆拱顶，拱顶高114米，直径44米，全靠石块逐一叠砌而成，是当时的世界之最。

佛罗伦萨育婴堂
最早的文艺复兴式公共建筑

佛罗伦萨育婴堂是一个四合院式建筑。坐落在九步台阶上。最下层是连续拱廊，半圆形的拱廊落脚在纤细的科林斯式柱上。拱与拱相交的壁画上嵌有刻着婴儿像的圆形彩陶浮雕。拱廊用穹顶覆盖，下面以帆拱承接。育婴堂总体设计简洁明快，朴实中洋溢着新时代的风貌。

佛罗伦萨育婴堂半圆形的拱廊

劳伦齐阿纳图书馆
最具空间感的建筑

图书馆坐落于佛罗伦萨圣洛伦佐教堂旁。设计者利用地段的条件创造出一个非同寻常的空间效果。室外立面以双柱对墙面做规则划分。前厅里有一造型新颖的楼梯：三条阶梯并列，中间阶梯的每阶踏步呈弧形，并有低矮的雕花栏杆。这一别致的阶梯很富于装饰性，代表了文艺复兴的新思想。

法尔尼斯府邸
法尔尼斯家族的缩影

法尔尼斯府邸位于意大利首都罗马，是文艺复兴盛期府邸的典型建筑。府邸为封闭式的院落。内院周围是券柱式回廊，入口、门厅和柱廊都按轴线对称布置。府邸为三层建筑，一层为尼尔林式窗户，二层窗檐交替使用三角形和弧形，气派的大屋檐更衬出法尔尼斯家族的显赫。府邸入口处还有一个观礼台，法尔尼斯家族的盾形纹章赫然于此。

美第奇官邸
美第奇家族的象征

美第奇官邸在15世纪建于佛罗伦萨，是文艺复兴早期府邸建筑的代表作。这座长方形的建筑有一个围柱式内院、一个侧院和一个后院，并不严格对称。高大的飞檐悬挂在三层立面上，第一层墙面用粗糙的石块砌筑，入口处模仿罗马建筑。二至三层的每一个窗户都饰有浮雕。最下层的中心是庭院，两旁有立柱圆拱支撑的大门廊。

美第奇官邸

圣母玛丽亚－萨卢特教堂

威尼斯最醒目的地标之一

高耸的、文艺复兴风格的圣母玛丽亚－萨卢特教堂，坐落在威尼斯空中轮廓线的枢轴点上。大教堂以大理石为基层，顶部是白色的大圆顶，围绕教堂圆顶的巨大涡卷形装饰被称做大耳朵。教堂内最惹眼的就是《圣母玛丽亚驱走瘟疫》的雕塑。圣母左边的人物象征威尼斯，右边的则是被驱走的瘟疫。

救世主教堂

祈祷平安幸福的所在

救世主教堂位于威尼斯的吉乌卡大运河畔。教堂是为纪念1575年突如其来的黑死病而建造的。教堂采用集中式形制，高大的穹顶格外显眼，饱满的穹顶上还附有道道经线。正立面的双层山墙简洁大方，气势不凡。教堂内部十分高敞，一个突台用作乐台。每年7月的救世主日时，跳跃的烛火照亮了教堂的每一个角落，唱诗班轻吟着赞美诗。此景已成为威尼斯传统和著名的景观。

圣玛丽亚感恩堂

米兰最具代表性的建筑之一

感恩堂坐落在米兰市的圣玛丽亚感恩广场。感恩堂由圣坛、大餐厅、回廊和圣器室几部分组成。特别的是，感恩堂的环形殿只有一个端点，平衡是其最大的特色。回廊式的庭院为正方形，每边均有五个拱券，并运用了许多材料以丰富建筑面貌，如拱圈为砖材，拱腹为圆浮雕。而这座教堂的盛名应归功于达·芬奇的那幅画——《最后的晚餐》。

救世主教堂

玛德莱娜教堂

宗教性的纪念碑

这座位于巴黎市中心的庙堂是拿破仑为纪念他的军队而建。整个建筑的外形为典型的希腊式庙宇，庙前有宽大的台阶，高台上立有52根高20米的科林斯柱，形成一圆形柱廊。顶部有人字山形巨型浮雕，画面表现了末日审判的场面。教堂内部为单殿式，只有一个大殿和一个半圆形的后殿，内有雕塑群像。站在大教堂的门口，可以眺望大街的全景。

卡鲁塞尔凯旋门

拿破仑帝国的象征

巴黎有三座凯旋门，分别是卡鲁塞尔凯旋门（又称小凯旋门）、爱德华凯旋门（又称大凯旋门）、大门塔（又称新凯旋门）。卡鲁塞尔凯旋门是为了庆祝1805年拿破仑的一系列战争的胜利而建，由封丹那和拜尔西耶共同设计建造。卡鲁塞尔凯旋门是对罗马塞韦罗凯旋门的模仿，包括模仿了塞韦罗凯旋门的纪念性建筑结构及上面的雕塑饰物。红色和白色的大理石圆柱之间是三个圆拱门。拱门的上方布满了纪念拿破仑战绩的浅浮雕。门的顶端摆放了四匹从意大利圣马可教堂搬来的镀金奔马，原物于1815年归还给了意大利。现在的是复制品，同时还添了一辆马车与和平女神像。整座凯旋门显得古朴庄重。

卡鲁塞尔凯旋门

枫丹白露宫
美丽的皇家庄园

枫丹白露宫位于法国枫丹白露镇，是文艺复兴风格和法国传统艺术完美和谐的融合。宫殿正面入口的两座高阶对称向外展开，呈巨大的马蹄形。外立面上间或出现古典式的壁柱结构。宫殿外有倾向自然风格的英国式花园，有整齐的意大利式花园。整个建筑大多由法国建筑师建造完成。

阿赛－勒－李杜城堡
典雅的文艺复兴式建筑

位于法国莱热的阿赛－勒－李杜城堡始建于1518年。城堡中保存着中世纪的护城河、转角塔和庄园，散发着典雅的气质。城堡平面为一个奇特的"L"型，有一部分房屋伸向护城河，使人产生一种整个建筑都被护城河包围的假象。城堡的设计完全以居住和美观为依据，宽阔的阶梯径直抬升，有三层之高。

兰德宫
古老而美丽的文艺复兴式建筑

兰德宫坐落于格拉茨旧城中心，是当地最具代表性的文艺复兴式建筑。宫殿结构呈口字形，口字形建筑的一面只有拱廊，没有楼房，这是兰德宫独具特色的一点。宫殿有三层，主要楼层有宽敞的回廊，回廊外是半圆形的拱窗。一排长方形窗户装饰着三角楣，洋溢着浓厚的文艺复兴风格。

海德堡城堡
最能代表德国的文艺复兴式建筑

海德堡城堡是德国海德堡最有名的古迹。城堡以意大利式宫殿为蓝本，墙壁面呈垂直状态的爱奥尼和科林斯式的半露柱都雕有极富装饰意义的浮雕，几乎所有的壁面都布满了雕像和浮雕。各层的柱子、壁龛和窗户的三角楣上都装饰了大量的人像或抽象化的浮雕。所有这些都显示出了以前德国建筑所没有的调和美。

海德堡城堡远眺

古典柱式

陶立克柱式

陶立克柱式有希腊和罗马两种风格，但以希腊柱式为主，罗马柱式只是在希腊柱式的基础上略作修改。陶立克柱的主要特点是个倒圆锥台，没有柱础，柱身有三拢板，整体呈现出男性的刚健。

爱奥尼柱式

爱奥尼柱的主要特点是柱头的正面和背面各有一对涡卷，有柱础，由圆盘等组成。爱奥尼柱式具有女性般的柔美特征。发展到罗马时期，柱式变化更小，只把柱础改为一个圆盘和一块方板。

科林斯柱式

科林斯柱式的柱身与爱奥尼柱式相似，但它的柱头雕刻着毛莨叶，显得很华丽。后来，罗马人又将科林斯柱头与爱奥尼柱头的特点巧妙融合，形成一种新的柱式——混合式柱式。

从巴洛克到洛可可建筑

巴洛克建筑是17～18世纪流行于欧洲的一种建筑装饰风格。其特点是外形自由，喜欢富丽的装饰和强烈的色彩，曲面和椭圆形空间为常用手法，表达了世俗情趣的要求。法国古典主义建筑在17世纪下半叶兴起，这类建筑普遍应用古典柱式，内部装饰丰富多彩，样式多为宫廷建筑和广场建筑群。此后法国的洛可可建筑装饰风格，偏重于明快的色彩和纤巧的装饰，反映了宫廷贵族的生活趣味。

想一想 洛可可建筑在风格上和巴洛克建筑有哪些承继关系？

圣保罗大教堂
伦敦的标志性建筑之一

圣保罗大教堂是伦敦最大的教堂，其建筑风格别具一格。主体建筑是两座双层十字形大楼，十字楼的中间拱托着一座高达111.4米的穹隆圆顶。圆顶下有一座两层圆楼。圆楼顶层有一圈石栏围拢的阳台，人们站在这里可以欣赏到伦敦的市景。教堂正门前是一道由六对高大的圆形石柱组成的走廊，人字形墙上雕刻着圣保罗到大马士革传教的图画。

罗马耶稣会教堂
巴洛克建筑的第一个代表作

位于罗马的耶稣会教堂是为新成立的耶稣会而建造的，它打破了古典建筑的规则，开创了灵活、富丽的巴洛克风格。这座教堂设计简单、新颖。端部突出一个圣龛，两侧用两排小祈祷室代替原来的侧廊。十字正中升起一座穹隆顶。教堂的圣坛装饰富丽而自由。

圣卡罗教堂

圣卡罗教堂
巴洛克精神最强烈的代表者

圣卡罗教堂是罗马城内众多教区小教堂中最耀眼的一个，是一座最大胆、最新奇、最富有想象力的巴洛克式建筑。殿堂平面近似橄榄形，周围有一些不规则的小祈祷室，此外还有生活庭院。殿堂平面与天花装饰强调曲线动态，立面的山花断开，檐部水平弯曲，墙面凹凸度很大，装饰丰富，有强烈的光影效果。

圣保罗大教堂宏伟的大穹顶

金碧辉煌的无忧宫

无忧宫
"沙丘上的宫殿"

无忧宫是一座黄色的巴洛克式宫殿，位于德国波茨坦市北郊。整个王宫及园林建在一个沙丘上，正殿中部为半球形顶，室内多用壁画和明镜装饰，辉煌璀璨。瑰丽的首相厅天花板装饰得富有想象力，大厅四壁镶金，光彩夺目。无忧宫是18世纪德国建筑艺术的精华。

彼得宫
"俄国的凡尔赛宫"

坐落在俄罗斯芬兰湾森林中的彼得宫，也称夏宫，它以令人叹为观止的精妙设计和周围绚丽的园林风景而享誉于世。建筑群中最耀眼的是大宫殿，它坐落在上花园与下花园间，分为两层，两翼为镀金的穹顶。宫殿前还有闻名世界的喷泉群，其中的大瀑布喷泉最为突出。

冬宫
被誉为世界上最漂亮的巴洛克建筑之一

冬宫坐落在俄罗斯圣彼得堡的涅瓦河畔，为原沙皇宫殿。宏大的规模显示了巴洛克建筑在彼得堡的辉煌，封闭式的长方形三层楼约有上千间房屋。宫殿外立面划分为上下两部分，均采用混合式柱式。宫殿内部为一个大厅，应用壁柱、窗框和各式的山花、精美的雕像等装饰，效果丰富而强烈。

卡尔教堂
巴伐利亚式巴洛克建筑

在奥地利的巴洛克艺术中，最有特色的当属巴伐利亚式巴洛克建筑，而卡尔教堂更是其中的翘楚。教堂的正面采用了古希腊神庙风格，两个边厢采用的是意大利文艺复兴风格，罗马风格的凯旋圆柱顶部是土耳其式小尖塔。卡尔教堂长80米、宽60米、高72米，它是维也纳最显赫的巴洛克教堂。教堂的大圆顶使人联想起罗马的圣彼得大教堂。整个建筑体现了哈布斯堡王朝作为世界性帝国的特点。

卢浮宫
法国古典主义成熟的标志

巴黎卢浮宫是一座大型的四合院式建筑，始建于13世纪。中央三开间凸出，上设山花，统领全局。整座建筑的侧面如同一根古罗马立柱，自上而下分三部分。这种中心为主的构图是古典主义建筑的典型特征。宫殿的柱式纯正、简洁，具有严谨的逻辑美感，是古典主义的最佳样式。

卢浮宫

凡尔赛宫
欧洲最宏大、最辉煌的宫殿和园林

巴黎西南的凡尔赛宫是欧洲最著名的宫殿与园林。统领全园的中轴线长达3000米。花园的格局为几何形，普遍采用宁静的水渠造景，称之为"水镜"。几何形的植物坛、生动的雕塑和喷泉，兼顾了古典主义的理性和巴洛克的生动趣味。凡尔赛宫体现了古典主义与巴洛克艺术的完美融合。

中国建筑

中国建筑是中华文明之树中特别美丽的一枝，作为世界三大建筑体系之一，与西方建筑和伊斯兰建筑并列，自豪地立足于世界文化之林。中国建筑注重群体组合的美，多用对称式的布局，注意建筑与自然的高度协调，这些特点与中华民族以中和含蓄为美的特点相符合。中国建筑是世界唯一以木结构为主的建筑体系，多以木材、砖瓦为主要建筑材料。

想一想 中国建筑屋顶造型奇特、优美，它们有什么作用？

大明宫
唐代建筑风采的代表

陕西西安大明宫是唐长安三大宫殿之一，始建于唐太宗年间。宫城面积为北京故宫的三倍多。宫内分前朝与内庭：前朝有含元殿、宣政殿、紫宸殿；内庭有太液池、麟德殿等。整个布局左右对称，主从分明，宏伟壮丽。不过，至今犹存的只有含元殿和麟德殿。

永乐宫
道教建筑的典范

永乐宫位于山西芮城县，是道教建筑的重要遗例。宫殿是典型的元代建筑风格，粗大的斗拱层叠交错，雕饰不多，显得简洁、明朗。宫宇规模宏伟，布局疏朗，中轴线上排列着龙虎殿、三清殿、纯阳殿、重阳殿四大殿宇。大殿东西两侧不设配殿，风格独特。永乐宫壁画满布四座大殿，其艺术价值之高、数量之多，都十分罕见，这使永乐宫享誉海内外。

永和宫壁画

故宫
最大的宫殿式古建筑群

故宫为明清两代皇宫，坐落在北京城的中轴线上。故宫占地72万平方米，殿宇9000余间。城内宫殿沿中轴线向东西两侧展开。南以太和、中和、保和三大殿为中心，两侧辅以文华、武英两殿，称"前朝"。北以乾清、交泰、坤宁三宫及东西六宫为中心，称"后寝"。三大殿以太和殿最高大，重檐庑殿顶，高约33米。故宫凝聚了中国古代建筑艺术的最高成就。

沈阳故宫

沈阳故宫
具有少数民族特色的宫殿

沈阳故宫为清初皇宫，原名盛京宫阙、奉天行宫，它集汉、满、蒙各族建筑艺术为一体，是我国现存仅次于北京故宫的最完整的皇宫建筑，其建筑布局可分为三路。其中东路建筑大政殿是一座八角重檐亭子，两旁为十王亭，均脱胎于少数民族的帐殿，独具特色。

依山而起的布达拉宫

布达拉宫

举世闻名的山巅之宫

布达拉宫是著名的宫堡式建筑群，位于西藏布达拉山南侧，从山腰处拔升而起，直达山顶。宫堡占地41万平方米，主楼高达117.19米。宫的主体分为红宫和白宫两大部分。上部为红宫，是宗教活动和政治活动中心；白宫位于红宫东面，全为木石结构。布达拉宫与山峰巧妙结合，取得了山即是宫、宫也是山的艺术效果。

悬空寺

"天下巨观"

悬空寺位于山西浑源县，始建于北魏。悬空寺距地面高约50米，其建筑特色可以概括为"奇、悬、巧"。奇：悬空寺建在深谷盆地中，悬挂于石崖中间；悬：全寺共有殿阁40间，以十几根碗口粗的木柱支撑；巧：悬空寺因地制宜，充分利用峭壁的自然状态布置和建造寺庙各部分，设计非常精巧。

拉萨大昭寺金顶

大昭寺

庞大的藏教建筑群

大昭寺位于拉萨市中心，是藏王松赞干布为纪念文成公主入藏而建。大昭寺是汉、藏建筑艺术的合璧之作。主殿高四层，上覆金顶，梁架、斗拱结构均为汉族古典建筑技法；但其柱头檐部的装饰却是典型的藏族风格。殿顶有唐代风格的精工雕刻的法轮、卧鹿、金幡等饰物，又有印度、尼泊尔寺庙的宝塔和倒钟等顶饰特点。

镇国寺

南禅寺大殿

古代木建筑魅力的体现

南禅寺大殿是我国现存最早的木结构建筑，位于山西五台县。大殿面阔、进深都是三间，平面近方形，上覆单檐歇山屋顶。建筑内部用两道通进深的梁架，没有内柱，室内无天花吊顶，属木构架中的厅堂型构架。檐柱12根，其中有3根为抹棱方柱。柱间用阑额联系。大殿表现了唐代殿宇建筑出檐深远的面貌。

镇国寺万佛殿

精妙的木构建筑

镇国寺万佛殿是五代时期精妙的木结构寺庙建筑，位于山西平遥县城北。万佛殿面宽、进深各三间，平面近方形。殿顶单檐歇山式，出檐深远，斗拱总高超过柱高的三分之二，颇为罕见。殿内梁架施六椽栿两层，形制古朴，手法规整。

晋祠圣母殿

晋祠圣母殿
宋代建筑风格的典型代表

位于山西太原的圣母殿是宋辽时期祠庙建筑中唯一保存下来的宋代木构。圣母殿面宽七间，进深六间，重檐九脊顶，殿身采用殿堂型构架体系。在构架中，殿身的前檐柱落在一条三椽梁上，使大殿前廊加宽，形成较开敞的空间。前檐柱用木雕盘龙柱形式，为我国现存最早的木雕盘龙柱。圣母殿微微向上弯曲的屋顶轮廓柔和秀美，舒展庄重。

独乐寺观音阁
木匠创造力高度发挥的杰作

独乐寺在天津蓟县城内，寺中的观音阁是辽代的遗物，是国内现存年代最早的木结构楼阁。观音阁外观上为重檐歇山，但内加暗层，实为三层。楼板中开六角形空井，暗层开四角形空井，上下空间连为一气，用"叉柱造"使上下柱错开。观音阁共用24种斗拱，阁的各部分都有精确的比例权衡，结构构件处理得极其简练。

大雁塔
楼阁型塔的典范

陕西西安慈恩寺大雁塔是我国著名的唐代砖塔建筑。塔平面呈方形，塔体仿印度佛塔范式，最下一层为雁形。塔七层，高64米。塔身用砖砌成，磨砖对缝坚固异常。塔内有楼梯，可以盘旋而上。每层四面各有一个拱券门洞，可以凭栏远眺。

西安慈恩寺大雁塔

应县木塔
我国现存最古的木塔

应县木塔在山西应县，建于辽代。塔为平面八角形，外观为五层，内部有四个暗层，共九层，属楼阁式塔。木塔中间为大厅，四周为回廊。柱子按内外两环布置，初层柱藏于厚墙内，各层内环供佛，外环为走廊。斗拱种计有64种，各依能而变化。整座建筑结构精密，反映了我国古代木构建筑的杰出成就，是世界上最高的木结构建筑，堪称稀世之宝。

大理三塔

大理三塔
密檐式塔的代表建筑

大理三塔坐落于云南大理苍山应乐峰下的崇圣寺内。三座古塔成品字形耸立在一起，这种布局极为罕见，因而闻名中外。大塔又名千寻塔，是座方形砖塔，共16层，高60余米。塔心中空，内部架设木楼梯。塔身呈梭形上收，是对印度塔的改造。南北两小塔，是一对八角形的砖构实心塔。三塔浑然一体，具有古朴的民族风格。

独乐寺观音阁

报恩寺塔
双套筒结构塔的代表

报恩寺塔位于江苏苏州报恩寺内。塔高76米,有内外两层塔壁,内环围成塔心室,外环与内环为回廊。八角塔心内各层都有方形塔心室,木梯设在双层套筒之间的回廊中。各层有平座栏杆,底层有副阶(围绕塔身的一圈廊道)。砖砌塔身每面分三间,正中一间设门。

曲阜孔庙

曲阜孔庙
祠庙建筑的代表

从建筑角度讲,山东曲阜孔庙可分为两部分:西部祭祀部分和东部庙宅部分。在这组建筑群中,等级很分明。正殿七间,重檐歇山屋顶;御书楼、郓国夫人殿五间,其余为三间。院落空间随建筑体量大小而变化,用空间的广狭来衬托建筑的主从关系。正殿前的主要院落采用廊院形式,尚留唐代遗风。

乾陵石像生

唐乾陵
最宏伟的陵墓

乾陵位于陕西乾县,是唐高宗李治和女皇武则天的合葬墓。乾陵以海拔1047.9米的梁山主峰和山梁为陵丘及神道,前面两座小山丘成为陵阙的位置,整座陵墓依山而起。神道及四门有精美而壮观的石刻群像,肃穆凝重,惟妙惟肖,享誉海内外,有"露天博物馆"之称。

明十三陵
中国最大的皇帝陵墓建筑群

明十三陵位于北京昌平天寿山南麓。因十三座陵墓共用一个神道,习称"十三陵"。十三陵除神道共用外,各陵都是前为祭享区,后为墓冢区。祭享区前有祾恩殿,殿左右有配殿和焚帛炉。墓冢区布局为圆形、长圆形或长方形,周围有城墙环绕,称"宝城"。各陵建筑最具代表性的是陵殿、方城明楼和地宫。在每座陵墓前都有一座碑亭。神道前的牌坊是全国最大的。其中长陵是十三陵中最大的陵墓。

中山陵
传统与现代的巧妙结合

中山陵为孙中山先生的陵墓,位于南京紫金山。陵园总面积4.5万多亩,整个平面呈钟形,象征民主革命是唤起民众的警钟。陵园依山而筑,南北向,中轴线上顺置石牌坊、陵门、祭堂等建筑,强调笔直的中轴线和舒缓、低沉的空间序列。祭堂内部以黑色花岗石立柱和大理石护墙衬托孙中山白石坐像,构成宁静、肃穆的气氛。整个建筑气魄雄伟,具有鲜明的民族特色。

中山陵

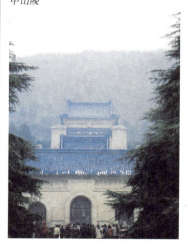

赵州桥

明长城
世界上最长的建筑物

明长城是为了防卫蒙古骑兵的南下骚扰而建，东起鸭绿江，西至嘉峪关，全长6000多千米。山海关以西的明长城，大都用砖石砌筑，工程坚固；山海关、嘉峪关东西对峙，气魄雄伟。山海关以东的辽东长城，分别用土筑、石垒、木板或利用自然地形筑成。

赵州桥
石桥的经典之作

赵州桥位于河北赵县的洨河上，由隋代名匠李春设计制造。桥身以石头筑成像虹一样的大拱，跨距长达37.37米。桥最大的特征就在于大拱的两肩又各筑上两个小拱，除了利于排水，又可减轻大拱的负担，使整个桥体显得轻巧美观。在结构上，大拱用28道石券并列构成。赵州桥的出现是中国建筑史上对石构造技术的一大突破。

卢沟桥
最古老的联拱桥

卢沟桥位于北京永定河上，始建于金代，是北京现存最古老的联拱石桥。桥全长266.5米，下分11个券孔。十座桥墩建在9米多厚的鹅卵石与黄沙的堆积层上。桥墩呈船形，迎水的一面砌成分水尖。每个尖端安装着一根三角铁柱，以保护桥墩。卢沟桥还以精美的石刻享誉于世。桥两侧有281根望柱，每根望柱上雕刻数目不同的石狮，石狮多达489头。

山海关

天坛
圆形宫阁的代表

天坛在北京永定门内偏东，建于明永乐年间，以祈年殿、圜丘（即天坛）和皇穹宇为主体建筑。祈年殿殿身平面为正圆形，直径约25米，上盖三层蓝色琉璃瓦屋顶，蓝色瓦顶层层向上。皇穹宇是用正圆形围墙所包围的一组建筑，以一圆形单檐建筑为主。围墙具有传声作用。圜丘坛为露天三层圆形石坛，每层围以汉白玉栏杆，造型简洁，庄严开朗。天坛是我国古代最伟大的祭祀建筑群之一。

天坛祈年殿

居庸关云台
现存规模最大、最精美的过街塔

居庸关云台是一座典型的元代过街塔，在北京昌平居庸关关城内。云台是座用大理石砌成的长方形台子。台基正中有一个门洞贯通南北，跨街而踞。券洞外沿装饰呈弧形，洞内却是五边折角式，券门上有用梵文、八思巴蒙文、藏文、维吾尔文、西夏文和汉文六种文字刻的佛经。

居庸关

福建民居土楼

客家土楼
东方文明的一颗明珠

客家土楼是一种神话般的山村民居建筑。土楼多为方形或圆形，主要分布在福建永定。又以圆形土楼最富客家色彩。全县有圆楼360座。圆楼都由二、三圈组成，由内到外，环环相套，共四层，外圈高十余米。土楼采用当地生土夯筑，除具有防卫御敌的作用外，还有防震、防火、防盗以及通风采光好等特点。由于土墙厚度大，隔热保温，所以冬暖夏凉。

窑洞
陕北的象征

窑洞是陕西北部特有的民居形式，有土窑洞、石窑洞、砖窑洞、接口子窑洞等之分。按构筑方式又可分为靠崖窑、平地窑和锢窑。靠崖窑是利用天然土壁挖出的券顶式横穴。平窑是在平地上向下深挖，使之成人工土壁，然后在坑底各个方向的土壁上纵深挖掘，是竖窑与横窑的结合。锢窑是在平地上以砖石或土坯按发券方式建造的独立窑洞，券顶上敷土做成平顶。

陕西窑洞

建筑术语浅介

重檐顶

建筑物有上下两层屋檐的叫重檐顶，只有一层的叫单檐顶。重檐顶建筑物体量较大、等级较高，一般用于宫殿、庙宇的主殿。

穹隆顶

这种屋顶的外形似毡包，通称圆顶，多见于伊斯兰建筑及西方建筑。穹隆顶的形式有圆形、多边形，而内部则是筒形空间，适宜采光和空气对流，也便于装饰。

飞檐

飞檐是檐的一种形式，檐身上卷，檐角高翘，如鹏鸟展翅，故而得名。外翘的檐角既利于室内采光，又可避免雨水淋坏墙面。

拱券

拱券是一种砌砖、砌石的方法，在两堵立墙的墙头将平顶砌成弧形，既达到一定的承载力，又扩大了空间。

伊斯兰建筑

· 像艺术家一样思考 ·

伊斯兰建筑深受拜占庭建筑的影响，样式多为封闭式的庭院，围以拱廊或柱廊，朝麦加方向的一边加宽。伊斯兰建筑的最大特点是穹顶覆盖的集中式形制和在大门上做出巨大的凹陷空间。伊斯兰建筑喜欢用复杂的几何图案覆盖整座建筑的表面，马蹄形、花瓣形、火焰形等各式券拱和各色的马赛克拼图是常用的装饰手法。伊斯兰建筑以其鲜明的特色在建筑史上留下了灿烂的一页。

想一想 在伊斯兰建筑中，马蹄形、花瓣形等各式发券装饰手法为什么会得到广泛应用？

大马士革清真寺前的廊柱

大马士革大清真寺

伊斯兰最主要的经典建筑之一

大马士革大清真寺是最著名的伊斯兰建筑之一。贯通东西的围墙形成了"边界"，一道两层连拱廊从四面加以围合，底层拱廊由两根柱子和一座扶壁交替重复构成。因为朝圣地麦加在正南面，礼拜殿用双坡屋顶划分成三道铺有地板的柱廊，平行于旧圣区的南墙。

麦加大清真寺

伊斯兰的心脏

麦加大清真寺也称禁寺，坐落于麦加。这里是所有穆斯林膜拜的方向。该寺可同时容纳30万穆斯林做礼拜。寺中有雕刻精美的25道大门和七座高达92米的尖塔。24米高的围墙将门和尖塔相连接。广场中央稍南的是黑色的圣殿克尔白，即天房——真主的房子。

阿克萨清真寺

气势壮观的清真寺

位于耶路撒冷的阿克萨清真寺是仅次于麦加大清真寺和麦地那圣寺的伊斯兰教第三大圣寺。该清真寺整体建筑高大宏伟，气势壮观，可容纳5000人做礼拜。内部用彩色马赛克镶嵌画装饰了圆顶穹拱，以名贵木材修建了一座"敏拜尔"（宣讲台）。阿克萨清真寺是伊斯兰建筑中第一座将拱券垂直于而不是平行于"麦加朝圣方向"的清真寺，用意是强调其场地的神圣性。

岩石圆顶清真寺

清真寺中结构最精确的建筑

岩石圆顶清真寺被称为宗教圣地耶路撒冷的地标，寺顶端的大圆顶分外醒目。建筑的平面布局为正八角形，由两个原始正方形的各条边等距离延伸，形成另一个八角形顶点。环绕着这两个大正方形顶点可以画一个圆形，清真寺八边形外墙尺寸也在这个圆形中得到确定。这种精确的几何施工在当时甚为罕见。

岩石圆顶清真寺金色的圆顶分外耀眼。

泰姬陵
全印度乃至世界最有名的陵墓

　　泰姬陵坐落于印度古都阿格，是为纪念泰妃玛哈尔而建。泰姬陵最引人瞩目的是用纯白大理石砌成的主体建筑，呈八角形，中央是半球形的圆顶，高耸而又饱满。陵墓四角各有一座高达41米的尖塔。塔与塔之间耸立了镶满35种不同类型宝石的墓碑。红砂石的墓碑与白色大理石陵墓形成鲜明的色调对比。

泰姬陵——白色大理石建筑的完美表现

蓝色清真寺
世界最磅礴、奢华的建筑之一

　　伊斯坦布尔的蓝色清真寺紧邻拜占庭帝国的圣索非亚大教堂。这座寺庙能同时容纳1万人朝拜。清真寺的大圆顶直径27.5米，另有四个小圆顶侍立在旁。六根尖塔高43米，比一般五根尖塔的清真寺多一根。内墙全用蓝、白两色瓷砖装饰。260个小窗引进的和煦阳光，融入淡黄色的、圆形排列的灯光中，虚拟了一个广阔的小宇宙，将寺内装饰得十分圣洁、神秘。

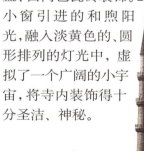

蓝色清真寺

科尔多瓦大清真寺
开创了"框架"建筑装饰手法

　　西班牙的科尔多瓦大清真寺拥有11道柱廊，分两层，上层为马蹄形拱，下层为圆拱。由柱廊支撑的木结构平屋顶在外部表现为平行的山墙，扶壁和外墙的顶部均有台阶状城堞。清真寺内部的柱头上保留着混合柱式的基本形式，工匠们经常在这些构件上签名。

阿尔罕布拉宫的狮子院

阿尔罕布拉宫
西班牙最重要、最美丽的伊斯兰建筑

　　阿尔罕布拉宫又称"红堡"，是西班牙格拉纳达王国的宫殿，坐落在海拔730米高的山丘上。它由众多院落组成：姐妹厅、大使厅、爱神木之院、狮子院等。其中的狮泉庭院尤为知名。院内中央是12头白色大理石狮子簇拥的盘形喷泉水池，廊庑雕饰极为精美，各厅房也有图案别致的石钟乳状垂饰花纹，为阿拉伯风格的杰作。

现代建筑

现代建筑一词有广义与狭义之分。广义现代建筑包括 20世纪流行的各种各样的建筑流派的作品；狭义的则特指20世纪20年代的现代主义建筑。本书取广义之说。现代建筑于19世纪末随着"手工美术"、"新艺术"运动悄然兴起。创新与变革、情感的艺术个性和形式与功能的完美结合是现代建筑的旗帜，"粗野主义"、"国际主义"、"高科技"等一大批建筑流派在这面旗帜下呈现出绚烂的景象。

想一想 现代建筑的形式与功能设计受什么因素影响最大？

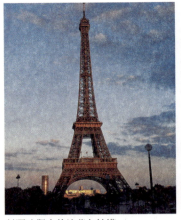

斜晖映照中的埃菲尔铁塔

埃菲尔铁塔
巴黎最著名的标志之一

　　埃菲尔铁塔是法国政府为了迎接国际博览会在巴黎举行和纪念法国资产阶级革命100周年而修建的。埃菲尔铁塔是世界上第一座钢铁结构的高塔，高约300米。塔基占地约1万平方米，四座塔墩为水泥浇灌，整个塔身为钢架镂空结构。外形像一个倒写的"Y"。

水晶宫
19世纪的第一座新建筑

　　水晶宫为伦敦第一届世界工业博览会展览馆的别称，面积达7.4万平方米，这样大的单体建筑在历史上是前所未有的。水晶宫长度为564米（合1851英尺，暗含了建造年份）。整个建筑全用铁框架和玻璃建成，内部没有任何装饰，共用去铁柱3300根，铁梁2300根和玻璃9.3万平方米。它的建造充分利用了工业革命所提供的新材料和新技术。从垂直的角度看上去，它就是一个简单的阶梯状的长方形。阳光下的水晶宫晶莹剔透，故当时人们称之为"水晶宫"。不幸的是，水晶宫在1936年毁于一场大火。

伦敦船楼
超越拥挤空间的设计

　　作为办公楼，伦敦船楼古朴结实的方舟造型惊世骇俗。附近抬升的公路和铁路围绕着船楼，将它托出拥挤的城市空间。船身环绕着三重玻璃板，具有良好的隔音和防尘效果，仿照船形的弧面设计还可以使噪音反射到周围的地面上。天井在自然采光的同时调节着室内通风，减少了对机械通风的依赖。铜屋顶上的非正式会议厅是个观景的好地方。

古朴而怪异的船楼

蓬皮杜艺术和文化中心
高科技主义建筑

法国巴黎蓬皮杜中心为六层高的建筑，由28根钢管柱支撑，没有一根内柱和固定的墙面。最特别的是，中心的每一层内部空间都可以通过隔断、屏幕及家具的变动而自由改变，钢结构不加遮掩地暴露在立面上，是建筑的又一特色。蓬皮杜中心使世界真正认识到"高科技"已形成为一个建筑流派。

朗香教堂
现代"粗野主义"建筑

坐落于法国东部的朗香教堂是"粗野主义"的代表作。教堂顶部呈船形，墙壁略有倾斜。粗壮的钢筋混凝土结构，粗糙的白色水泥墙面，沉重的屋顶向上翻卷，形式"粗野"得近似乎怪异。大小不一、错落无序的窗口只能使光线渗入教堂内部，内部的弧形墙面增强了韵律感。

高耸人云的帝国大厦

帝国大厦
速度和力量创造奇迹

帝国大厦是美国大萧条之后实施新政时建造的。大厦高381米，共102层，成为当时世界上最高的建筑物。大厦建造时，3500名工人应用新技术以每周四层半的速度推进，仅用410天便完成全部工程。其主体建筑全部为铆合钢制框架外覆印第安纳石灰岩。顶部是16层高的钢制桅杆。

巴黎卢浮宫扩建工程

巴黎卢浮宫扩建工程
20世纪下半叶最重要的建筑之一

巴黎卢浮宫扩建工程是一座地面上露出玻璃金字塔形采光井的地下宫，建于1984～1988年，由贝聿铭设计，总建筑面积约7万多平方米。包括入口大厅、剧场、餐厅、商场和停车场等。"金字塔"的一边是大门，其余三边是三个小"金字塔"。玻璃"金字塔"全部采用钢结构和玻璃。小"金字塔"的功能是补充地宫光源。整个建筑极具现代感，又不乏古老纯粹的神韵。

包豪斯校舍
把欧洲的现代艺术推向空前的高度

1919年建于德国的包豪斯校舍是世界上第一所完全为设计教育而建的学院建筑。校舍由三座侧翼楼组成综合性的建筑群，分别用作体育、教学和实习。建筑的整体结构是加固钢筋混凝土，各部分以天桥联系。

体现国际设计风格的包豪斯校舍

金贝尔艺术博物馆

流水别墅

经典别墅的代名词

美国宾夕法尼亚州的流水别墅建在名为"熊溪"的郊野，设计者别出心裁地将别墅安排在溪流之上。别墅为三层，层层迭出，底层直接与溪水相连。三层均采用简单的长方形，外部阳台宽大，横向连贯的窗户使居住者可以看到外面的美景。暖灰、米黄和少量大红的色彩搭配令人心情舒畅。流水别墅被公认为是20世纪30年代美国现代主义建筑的杰作。

双子塔
近观双子塔，更令人惊叹现代建筑的不可思议。

世界贸易中心

展现钢铁的魅力

世界贸易中心原址位于美国纽约曼哈顿岛。两座大楼结构形式完全相同，采用钢框架套筒体系。外部朴实无华，仅以银白色铝板覆盖的钢柱为装饰。玻璃窗均呈细长状，深嵌在钢柱间，将垂直的修饰感立体化。世界贸易中心开放的时候，每日客流量高达8万人次。2001年9月11日，这座世界闻名的双塔毁于恐怖事件。

双子塔

挑战极限的创造

双子塔位于马来西亚的吉隆坡，为马来西亚石油公司所建。大厦高88层，建筑物最高点距地面452米，是目前全世界最高的双峰塔楼。大厦的钢筋混凝土每平方厘米要承受800千克的重量，需要极高的强度。为了防止外壁有可能脱落，在1厘米以下的装饰材料缝中均灌注了特殊的药剂。同时，为了防止地震，建造时调动了至今为止一切可能的技术力量。

金贝尔艺术博物馆

现代化与功能化的结合

美国得克萨斯州的金贝尔艺术博物馆是世界最先进的艺术博物馆。一组优美的拱形、桶状建筑相连，形成博物馆的主体形态，连绵起伏的圆拱形屋顶散发着古典主义气息，既显现了宏大的气势，又不乏阴柔含蓄之美，展现出典雅的现代手法的风情。博物馆中众多人性化的功能区域设计在后来的公共建筑中得到广泛应用。

迪斯尼乐园的天鹅饭店

充满奇幻的童话色彩

美国迪斯尼乐园的天鹅饭店是一座色彩艳丽、装饰夸张的建筑。饭店的主体是一座宽大雄伟的高层建筑，顶部像一道横跨的彩虹。两只巨大的天鹅悠闲地游在彩虹的两端，取得了和谐的视觉平衡感。两座相同的长方形建筑与主楼垂直，并列相交。巨大的贝壳立在两楼顶端，与天鹅遥相呼应。饭店是建筑与环境、文化结合得最出色的建筑作品之一。

东京奥林匹克体育馆
"形式遵从功能"原则的重新阐释
　　日本东京奥林匹克体育馆以日本神社的简洁空灵与现代化功能结构的完美结合而享誉世界。体育馆规模庞大，由第一、第二体育馆及其附属建筑组成。两馆南北对称，均采用悬索结构的大屋顶设计，分别形成错位新月形和螺旋形，具有强烈的形式美感。而日本传统建筑的象征手法在设计中也被运用得流畅自如。

悉尼歌剧院
澳大利亚的象征
　　澳大利亚悉尼歌剧院三组巨大的壳片结构曾令世人惊叹不已，这座不朽的建筑使设计者——丹麦设计师乌特松——荣获普里茨克建筑奖。事实上，壳片共同的曲率简化了相和与覆层的复杂问题。最高的壳片下面是主音乐厅，三层的墩座墙在主音乐厅和听众席间形成长长的通道。音乐厅内墙贴着树脂玻璃板，加强了声音的反射，改善了音响环境。

萨伏依别墅
现代建筑的里程碑
　　萨伏依别墅坐落在法国的波瓦西，是现代主义建筑的又一经典之作。别墅由一系列钢筋混凝土结构柱支起，其下部留空，形成建筑的六个面。别墅抛弃了传统的墙面割断分离原则，呈完全敞开的连贯空间。其立面没有任何装饰。窗户十分宽敞，最大限度的自然采光和空气流动使居住者随时可以欣赏恬美的田园风光。

米拉公寓
艺术建筑中最有说服力的作品
　　闻名世界的米拉公寓位于西班牙巴塞罗那。公寓以一组组石质的隔墙和柱子为结构，由大窗户、阳台、两个天井及不同高度的顶楼形成。其屋顶高低错落，墙面凹凸不平，整座大楼宛如波涛汹涌的海面，极富动感。在公寓的房顶上还有一些奇形怪状的突出物，这是特殊形式的烟囱和通风管道。公寓的独特设计在当时引起了很大反响。

米拉公寓

现代主义建筑
　　现代主义建筑指20世纪中叶在西方建筑界居主导地位的一种建筑风格。这个流派主张摆脱传统建筑形式的束缚，大胆创造适应于工业化社会的条件和要求的崭新的建筑。建筑风格具有鲜明的理性主义和激进主义的色彩。在德国建筑师格罗皮乌斯的主持下，包豪斯成为欧洲最激进的艺术和建筑中心之一，推动了世界建筑的革新运动。

帆船样式的悉尼歌剧院如同在海中航行。

舞蹈
欧洲古典舞蹈

古典舞蹈是各地区、各国家、各民族中具有典范意义和独特风格的传统舞蹈，经历代艺术家提炼加工和创造而逐渐形成的。主要特性是：规范化的形式、程式化的表现手法、严谨的训练体系和相对稳定的美学法则。欧洲古典舞蹈一般指芭蕾。

想一想 古典舞蹈的规范化与程式化是否束缚了它的艺术性？

舞剧的雅俗共赏，很大程度上得力于情节舞的存在。

情节舞
舞剧情节发展的推动剂

情节舞为古典芭蕾术语，原指有比较稳定的结构形式、推动剧情发展的舞蹈，一般由主要演员、独舞演员和伴舞队参加。现代的编导把情节舞的范围加以扩大，把它作为与娱乐性舞蹈相对立的概念，泛指一切表达人物心理情绪变化、推动剧情发展的舞蹈，而不再拘泥于严格规范的结构形式。他们主张舞剧中所有的舞蹈尽可能承担情节任务，不游离于剧情之外。

古典芭蕾基本技术
一切古典舞蹈动作的基础

古典芭蕾的基本技术有完整的、规范化的科学体系，从1661年法国皇家舞蹈研究院成立时开始建立其基础。当时的几位院士广泛搜集民间舞蹈和宫廷舞蹈并加以整理、规范，确定了古典舞蹈的五个基本位置，作为一切古典舞蹈动作的基础。并且在这个基础上确定了古典舞蹈常用的基本步法、基本舞姿和基本动作，从而奠定了古典芭蕾基本技术体系的基础。

芭蕾舞姿

芭蕾
脚尖上的舞蹈

芭蕾是一种舞台舞蹈形式，通称芭蕾舞。这是在欧洲各地民间舞蹈的基础上，经过几个世纪不断加工、丰富、发展而形成的，具有严格规范和结构形式的欧洲传统舞蹈艺术。19世纪以后，女演员要穿特制的脚尖舞鞋用脚趾尖端跳舞，所以也有人称之为"脚尖舞"。

芭蕾中脚的五种基本位置

《王后的喜剧芭蕾》
第一部真正的芭蕾

　　1581年在法国演出的《王后的喜剧芭蕾》是第一部真正的芭蕾。全剧只有一个主题，长达两个小时，共分三大部分，情节连贯，一气呵成，始终围绕着代表美德与智慧的众神如何战胜邪恶的女妖这一寓言故事，是戏剧、舞蹈、音乐、朗诵的综合体。自该剧演出以后，宫廷芭蕾成为欧洲各国宫廷娱乐的典范形式。

《红色娘子军》剧照

《红色娘子军》
中国芭蕾舞剧的里程碑

　　《红色娘子军》是中国第一部革命历史题材的芭蕾舞剧。编导运用芭蕾原有的特点和技巧，并与中国民族民间舞蹈相结合，并从部队生活和军事动作中提炼出新的舞蹈语汇，成功塑造了吴琼花、洪常青、南霸天等人物形象。该剧是中国芭蕾事业发展史上的里程碑。

《天鹅湖》中饰演奥杰塔公主的著名舞蹈家布莉谢利娃

《天鹅湖》
交响芭蕾的最早范例

　　这是一部四幕芭蕾剧，由柴可夫斯基作曲，剧情描写王子齐格弗里德与被魔法变成天鹅的公主奥杰塔的爱情故事。王子勇敢地与魔王搏斗，忠贞的爱情终于战胜魔法，奥杰塔重新获得自由（有的版本为王子与奥杰塔双双投湖殉情）。这部舞剧的演出是交响芭蕾的最早范例。

《奥涅金》
充满强烈创新意识的芭蕾

　　这是一部根据普希金诗体小说《叶甫盖尼·奥涅金》改编的三幕芭蕾舞剧，采用柴可夫斯基的音乐编曲，由克兰科编剧。该剧着重刻画了塔吉雅娜的天真纯洁、一见钟情，以及奥涅金的轻佻虚伪、玩世不恭的性格。这是一部兼具交响芭蕾和戏剧芭蕾两派长处的舞剧，是当前世界公认的优秀剧目之一。

《奥涅金》中的双人舞

《胡桃夹子》中的舞者

《胡桃夹子》
深受儿童观众喜爱的芭蕾舞剧

　　这是一部两幕古典芭蕾舞剧，根据霍夫曼的童话《胡桃夹子与鼠王》改编，由柴可夫斯基作曲。该剧描写女孩克拉拉在圣诞节接受了教父的礼物——一个丑陋的胡桃夹子。当宾客们纷纷离去的时候，孤独的克拉拉进入梦乡。该剧神奇梦幻的童话色彩，表现了憧憬欢乐友爱和高尚道德的美好童心。

社交舞蹈

社交舞蹈又叫舞会舞蹈，指欧洲文艺复兴以来的宫廷舞蹈和近代社交舞蹈。这些舞蹈来源于各地民间的生活舞蹈，经过各国王室的舞蹈艺术家按照宫廷生活和礼仪习俗的需要进行加工改造，成为具有规范形式的舞蹈。到了近代，公共舞厅代替了宫廷，成为社交活动的重要场所。社交舞舞步单纯、形式自由、便于参加者即兴表达情感的大量舞蹈形式陆续被引进舞厅，舞会舞蹈开始进入交谊舞蹈的时代。

想一想 与古典舞蹈比较，社交舞蹈的作用是什么？

小步舞
"舞蹈之王"

小步舞是17世纪欧洲最有代表性的宫廷舞蹈。舞蹈最典型的步法是一种朴实无华的小步，小步舞即由此得名。小步舞于16世纪为宫廷采用，舞蹈风格变得文雅、端庄、高贵。17、18世纪，小步舞风靡欧洲宫廷，压倒一切舞会舞蹈，被称为"舞蹈之王"，并且对舞台表演舞蹈的发展产生了相当重要的影响。

舞会舞蹈场面

波尔卡舞姿

波尔卡
轻快活泼的"波尔卡步"

波尔卡是19世纪欧洲流行的一种对舞。波兰和捷克、斯洛伐克都认为它源于自己的文化传统。这是一种轻快活泼的舞蹈，舞者面对面站立，成对地沿着舞厅周围逆时针方向旋转行进。其中"波尔卡步"是单足弹跳步，可以前进、后退或者旋转。

华尔兹
生命力顽强的交谊舞

华尔兹原为奥地利、德国的民间舞蹈。作为一种舞会舞蹈，跳华尔兹的男女舞伴面对面站立，一手相握，一手托腰、扶肩，互相保持典雅的姿势。它的音乐轻快活泼、旋律流畅，节奏鲜明。由于华尔兹没有规定的复杂花样，只是以一种平稳的滑行步法连续旋转，形式自由，便于发挥，容易掌握，因而在19世纪压倒了一切舞会舞蹈，风靡欧美。

探戈
风靡世界的舞蹈

探戈是阿根廷的一种舞会舞蹈，也是器乐曲与歌曲体裁之一。探戈含有欧洲、非洲、美洲等多种文化的因素，但主要是受了黑人歌舞影响而形成的。探戈的舞蹈风格含蓄、洒脱。舞蹈中，自始至终男女交臂而舞，情感自持内在，动作不紧不慢。探戈的旋律形态丰富，节奏变化多样，曲调大多深沉、徐缓、哀伤而惆怅。

电影中的探戈舞姿

桑巴

巴西社会生活不可缺少的部分

桑巴是巴西的代表性舞蹈。巴西桑巴舞蹈分为两大类：一、群众性桑巴。舞蹈动作由舞蹈者随着节奏即兴创作。表演时可围成圆圈而舞，也可一男邀一女在圈内表演。二、表演性桑巴。女舞者以扭胯动作结合步法变化，创造出各种队形，男舞者手持打击乐器边击边跳。

源于波兰民间舞蹈的波洛奈兹

波洛奈兹

具有自豪、开朗性格的舞蹈

波洛奈兹为波兰宫廷舞蹈。源于波兰西南部的乡村，后传入波兰宫廷。跳舞时参加者人数不限，男舞伴用右手拉着女舞伴的左手排成行踏步而行。舞步徐缓，舞姿优雅、庄重。在行进过程中，有互相行礼的动作，具有波兰民族特有的自豪、开朗的性格特点和贵族文化气息。波兰音乐家肖邦作有13首《波洛奈兹舞曲》。

匈牙利民族舞蹈

恰尔达什

源于匈牙利的舞会舞蹈

恰尔达什是匈牙利民间舞蹈，源于17世纪前后一种农民聚会对舞，由慢板舞和快板舞两个部分交替进行。男伴双手扶女伴腰部，女伴双手搭在男伴肩上，然后双脚交替向两侧滑步。跳舞时有吉卜赛乐队伴奏助兴。经过改编的恰尔达什曾是19世纪上流社会非常流行的一种舞会舞蹈。

斗牛舞

最具英雄气概的舞蹈

斗牛舞起源于西班牙，发展于法国，它的音乐是一种雄壮的步兵进行曲。斗牛舞是由斗牛戏的影响而演变而来的，1910年在法国发展成为一种普遍的室内交际舞，特别是以靠近西班牙边界的法国南部更为盛行，所以许多花步的名称都是以法文命名的。

伦巴

拉丁舞的灵魂

伦巴是源自黑人歌舞的一种民间舞蹈形式，有广泛的群众性。伦巴是一种自娱性很强的歌舞，凡有群众聚集的场合，以任何一个缘由都可以跳起伦巴。有时一男一女相互追逐，其他人用各种可以敲击的器具伴奏助兴；也可以围成圆圈集体群舞，少数乐手以鼓等打击乐器伴奏。伦巴舞步的主要特色是肩的抖动和胯的扭摆。多年来被人们反复不断地加工后，成为舞厅舞的一种重要形式。

迪斯科

最自由的舞蹈

迪斯科是美国黑人创造的爵士舞之一。迪斯科音乐有着夸张的强弱力度的交替，诱发人们内在的节奏冲动，以此来支配舞步，比传统的华尔兹、探戈等，更为自由，突出个性。男女两人一起跳舞时，更多的时间身体不接触，动作不必一致，而是问答式的情绪联系与默契。舞蹈动作可随着音乐节奏即兴发挥。

用表情与动作交流的迪斯科

民间舞蹈

民间舞蹈是产生和流传于民间、风格鲜明、为广大群众喜闻乐见的舞蹈。它的内容反映的是劳动、斗争、交际、爱情生活，不同民族和地区的民间舞蹈受生活方式、历史传统、风俗习惯、民族性格、宗教信仰等因素影响，呈现出多彩的风格。在舞蹈发展史上，民间舞蹈常常被人忽视，而事实上只有民间舞蹈才是舞蹈发展的主流。民间舞蹈是各民族人民智慧的结晶，它是一条永远不会枯竭的舞蹈源泉。

想一想 为什么说民间舞蹈是一条永远不会枯竭的舞蹈源泉？

西班牙舞蹈
用吉他伴奏的舞蹈

西班牙舞蹈以其独有的风格闻名于世界，是西方有代表性的舞蹈。因地区不同，西班牙舞蹈的风格也各异。萨尔达纳是一种轮舞形式的集体舞，节奏缓慢、平和、稳重，舞步比较简单。佩里科特则是舞者将响板套在中指，击打伴奏，舞蹈中男子动作粗犷有力，做各种跳跃；女子优雅地小步移动，舞姿柔美。塞维亚纳是一种以对舞为基础的集体舞。舞者手执响板，过舞边打，以民歌和吉他伴奏。

西班牙舞蹈

弗拉明科
即兴表演的舞蹈

西班牙安达卢西亚吉卜赛人，又称为弗拉明科人，他们的音乐和舞蹈也称为弗拉明科。这种舞蹈常用吉他伴奏，表演即兴的动作。在弗拉明科中，男子的脚下动作非常复杂，而女子的舞蹈则着重在手、腕、手臂和躯干的优美的动作和表现。传统的弗拉明科舞具有强烈的即兴性和丰富的表现力。

轮舞
覆盖地域最广的民间舞蹈

轮舞即圆圈舞，或称环舞，是欧洲民间舞蹈中流行最广的形式。轮舞是至今仍然活跃在世界各地人民群众中的，人类舞蹈文化中最基本、最普遍的舞蹈现象，在欧洲、非洲、亚洲和大洋洲都存在着风格各异的圆圈舞。圆圈舞是群众性的集体舞蹈，队形在圆形的基础上发展变化，人们逐个连接起来，首尾相接闭合起来是圆圈，打开来是一个条弧形的链。

中国景颇族的欢庆舞蹈，是典型的轮舞。

马祖卡
歌剧与舞剧的素材之源

马祖卡是波兰的民间舞蹈。16世纪前后起源于马祖尔人聚居的马索祖亚地区，故名。较常见的为集体对舞形式，舞步有滑步、脚跟碰击、成对旋转和男子单腿跪、女子围男子绕行等。马祖卡舞姿具有贵族式的高傲和豪放不羁的特点。18世纪中叶传入德国和法国上层社会，19世纪盛行欧洲各国。

方舞
气氛热烈的民间舞蹈

方舞是由四对舞伴站成四方形的舞蹈形式，尤指美国方舞，它已成为美国民间舞蹈文化的一个很有特色的部分。方舞中有一位领舞者，他能够即景生情地呼喊出押韵的词（有时还使用方言）来激励舞者，使气氛活跃起来，有时舞者也呼喊出与他相互应和的词句。美国方舞在发展过程中吸收了英格兰、苏格兰、法国及其他欧洲地区，以及墨西哥舞蹈或民间游戏的因素，形成种类繁多的变体。

法国民间舞蹈

踢踏舞
脚下的音乐

踢踏舞是一种用脚击打地面的节奏性舞蹈。源于爱尔兰和兰开夏的木鞋舞。它的基本技巧是用脚跟、脚掌、半脚掌、脚尖击打地面发出响声，以丰富而复杂的节奏变化取悦观众。表演时需要在舞鞋的前掌部分加装金属片，使击地的响声清脆悦耳。

舞姿

霍拉
成年的仪式

霍拉是罗马尼亚民间舞蹈。跳霍拉舞是罗马尼亚人在婚礼或节日活动中必不可少的内容，也是一种大众化的娱乐形式。所有参加者联成一个圆圈，使圆圈逐渐逆着时针方向旋转；间或突然冲向中心聚拢起来，几乎肩并着肩，然后又分开，回到原地。参加者可以多达数百人。青年男女第一次加入大霍拉舞圈，标志着已进入成年期。

东方舞
最有特色的女子舞蹈

东方舞是埃及的民间舞蹈。表演形式以女子双人舞、女子三人舞和女子集体舞较为多见。表演时一般由阿拉伯盆鼓、唢呐、笛子、竖琴等乐器组成的乐队伴奏。舞蹈者手持金属夹片，脚戴响环。舞蹈动作主要集中在腰部。表演者随音乐即兴而舞，律动感极强，富有神秘的宗教色彩。

卢旺达舞蹈
一个粗犷民族的舞蹈

卢旺达的舞蹈动作洒脱、舒展而又矫健。最有代表性的舞蹈是一种名为"英托利"的传统男子舞蹈，又称勇士舞或战士舞。其动作以甩发、脚下打点、腾跳为主，风格粗犷。

卢旺达舞蹈"英托利"

秧歌
源于农民劳动生活的舞蹈

秧歌是中国民间歌舞体裁的一种，流行于中国北方汉族地区，因源于农民劳动生活中所唱的歌而得名。秧歌分为地秧歌（徒步在地面上歌舞）与高跷（双腿缚以木跷，脚踩在跷上面歌舞）两种。一般由十几人到数十人组成，手执扇子、手帕等道具。基本动作为挥臂跳跃、扭腰甩肩，边走边舞。

—戏剧—
古希腊与古罗马戏剧

·像艺术家一样思考·

古希腊戏剧是人类戏剧的童年时期，也是第一个繁荣期，为后世留下了众多的悲剧和喜剧作品。在古希腊，悲剧属于诗的范畴，因此剧作家被称做诗人。古希腊悲剧的鼎盛时期，曾经产生过很多悲剧诗人，但有作品流传下来的只有"三大悲剧家"。由于阿里斯托芬和米南德等人的创作，古希腊喜剧也有不凡的成绩。古罗马戏剧继承了前辈的优良传统，戏剧创作和演出也很繁荣，普劳图斯的创作是这一时期最大的成就。

想一想 为什么说古希腊戏剧是人类戏剧的童年时期？

埃斯库罗斯
古希腊"悲剧之父"

　　埃斯库罗斯是古希腊三大悲剧家之一。他开始创作时，希腊悲剧尚处于早期发展阶段，是他使悲剧具有了完备的形式。埃斯库罗斯非常注意形象塑造，他所创造的人物都是有坚强意志的雄伟高大的人物。他的诗句庄严、雄浑，带有夸张的色彩。语言优美，词汇丰富，比喻奇特，抒情气氛十分浓厚。这种风格是与他悲剧中严肃而激烈的斗争和英雄人物的强烈感情相适应的。

埃斯库罗斯雕像

《被缚的普罗米修斯》
埃斯库罗斯最著名的悲剧

　　普罗米修斯曾把天上的火种偷来送给人类，宙斯把普罗米修斯钉在悬崖上，强迫他说出关系到宙斯命运的秘密（即宙斯将被他的一个儿子推翻），普罗米修斯不为宙斯的威逼所屈，最后在暴风雨中坠入深渊。剧作通过坚持正义、反对专制神权的普罗米修斯的形象，歌颂了为正义事业而顽强斗争的崇高精神。

《阿伽门农》
古希腊最出色的悲剧之一

　　《阿伽门农》是埃斯库罗斯《俄瑞斯忒斯三部曲》中的第一部。阿伽门农出兵特洛伊时，曾经杀死自己的女儿祭神，他的妻子想为女儿复仇，串通情人在阿伽门农得胜时把他谋害了。第二部《奠酒人》写阿伽门农的儿子回国为父报仇，杀死他的母亲。第三部《报仇神》写阿伽门农的儿子在雅典法庭受审，雅典娜女神宣判他无罪。这个三部曲的主题是描写父权制对母权制的胜利。

征讨特洛伊的统帅阿伽门农刺杀了自己的女儿作为出征前的祭礼。

古希腊的露天剧场

　　古希腊的戏剧创作与演出特别繁荣，建造了许多可容纳一万观众的大型剧场。剧场利用山坡地势建造，呈半圆形，观众席逐排升高，从这些剧场的遗址，可以想见当时演剧的繁荣景象。

欧里庇得斯

"舞台上的哲学家"

古希腊三大悲剧家之一。欧里庇得斯约有三分之二的作品以妇女为主要人物，作者对她们进行了深刻的心理描绘。

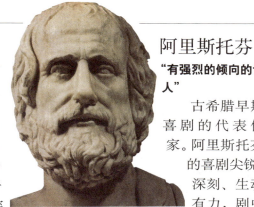

欧里庇得斯雕像

希腊悲剧到了欧里庇得斯手里，在形式上已十分完美，写实手法与心理描写是他对戏剧发展的最大贡献。欧里庇得斯的剧作标志着"英雄悲剧"的终结。他采用日常生活为题材，使悲剧接近现实。欧里庇得斯的风格比较华美，语言流畅，对话接近口语，十分自然。

《美狄亚》

最早表现妇女的悲剧

在欧里庇得斯的作品中，以妇女为题材的悲剧占了大多数，其中，《美狄亚》是最感人的一部。剧中的美狄亚是个异国女子，她曾背叛家庭，帮助伊阿宋取得金羊毛，同他一起前往希腊，在那里为伊阿宋报了杀父之仇，后来却被无情抛弃。美狄亚最后杀死她的情敌和自己的两个儿子，逃回了雅典。这部悲剧批判不合理的婚姻制度和不平等的男女地位，痛责男子的不道德和自私自利。美狄亚的遭遇是当时妇女的共同命运。

阿里斯托芬

"有强烈的倾向的诗人"

古希腊早期喜剧的代表作家。阿里斯托芬的喜剧尖锐、深刻、生动有力，剧中包含着许多滑稽、诙谐、讽刺、嘲弄以及狂欢粗野的成分，也包括幻想和抒情的成分。他的喜剧结构一般比较松散，人物性格不够深刻，但讽刺的语言特别锋利，抒情的词句也很优美动听。阿里斯托芬对欧洲各国戏剧的影响深远，历代许多戏剧家都推崇他的创作成就，特别是英国菲尔丁的作品，就是沿着阿里斯托芬的喜剧艺术传统来创作的。

美狄亚杀害了自己的孩子对丈夫进行报复。

《鸟》

第一部表现乌托邦思想的作品

《鸟》是阿里斯托芬最著名的喜剧之一。剧中描写了一个乌托邦式的"鸟国"，鸟国中没有贫富之分，没有剥削，劳动是那里生存的唯一条件。喜剧的主题表明诗人幻想建立理想的城邦。《鸟》是现存的唯一以神话为题材的喜剧，情节复杂，抒情味浓，结构谨严，是阿里斯托芬的一部杰出作品。

在阿里斯托芬的一部喜剧中，一名丑角正在为朋友幽会情人而高擎火把。

普劳图斯

古罗马最重要的喜剧作家

普劳图斯是古罗马时期的喜剧作家。他的喜剧继承了罗马民间戏剧的传统，在表演技巧方面吸收了不少意大利民间戏剧因素，生动活泼，充满了滑稽笑闹成分。普劳图斯的喜剧语言丰富多彩，有的很文雅，有的却很粗鲁；有的庄严，有的滑稽；各种方言、俚语、双关语都有。旁白和独白也是普劳图斯喜欢运用的一种表现手段。

文艺复兴时期戏剧

文艺复兴时期艺术的指导思想是以"人"为中心的人文主义。这一时期的欧洲戏剧以英国和西班牙为主流,剧作以人为主题,肯定人的价值,赞美人的理性和智慧。莎士比亚是这一时期最伟大的剧作家,他的大量剧作在世界戏剧宝库中闪耀着夺目的光芒。

想一想 从内容、思想、艺术手法上看,文艺复兴时期的戏剧与古希腊戏剧有什么不同?

莎士比亚时代的写作者

马洛

英国文艺复兴戏剧的真正创始人

马洛,英国戏剧家、诗人,英国文艺复兴运动的先驱。马洛用他那充满了浪漫激情和想象力的戏剧,叩响了通向英国戏剧黄金时代的大门,为莎士比亚的戏剧创作奠定了基础。他革新了中世纪的戏剧,并且给戏剧的表现媒介——"无韵诗体"注入了新的生命力。但他的作品在热情奔放的同时,存在着结构不紧凑甚至牵强的地方。

《浮士德博士的悲剧》

人文主义的体现

这是马洛的代表剧作。作品叙述浮士德为了获得万能的知识与力量而潜心研究魔术,甚至不惜与魔鬼订约,把自己的灵魂出卖给魔鬼的故事。马洛通过浮士德的悲剧命运充分肯定了知识的威力,揭示了人文主义者同中世纪的宗教蒙昧主义作顽强斗争的真实历史经历。剧中主人公前后的性格对比非常鲜明,戏剧性也十分强烈。

莎士比亚

"人类最伟大的戏剧天才"

莎士比亚是英国诗人、戏剧家,他一生共写了37部戏剧。由于他一方面广泛借鉴前人的文化艺术成果,一方面深刻观察人生,了解社会,才得以塑造出众多栩栩如生的人物形象,描绘出广阔的社会生活图景。他的戏剧富于诗意和想象,富有人生哲理和批判精神。莎士比亚的创作成为后人一个不可逾越的高峰。

《哈姆莱特》

根据丹麦历史改编的悲剧

《哈姆莱特》是莎士比亚的四大悲剧之一。剧中丹麦王子哈姆莱特理想崇高,耽于思索。他接受父王幽灵的命令,必须承担起复仇的重任,除掉那杀父娶母篡位的叔父,为此竟装疯卖傻。莎士比亚运用复仇剧传统,展现崭新的典型和戏剧冲突,极其深刻地概括了理想与现实的矛盾。

浮士德是各种艺术最受欢迎的题材之一,这是柏辽兹歌剧《浮士德的沉沦》的一幅场景画。

《李尔王》剧照

《李尔王》
对权势、财富和贪欲的抨击

莎士比亚四大悲剧之一。《李尔王》是一出气势宏伟、哲理深邃的悲剧。生性狂暴自信的老王，因误分国土而遭受沦落荒郊的厄运。两个大女儿的忘恩负义使他狂怒、悔恨以至疯癫。但苦难却带来了新生，他从同情无家可归的乞丐开始，逐渐弄清了世界与善恶。剧本在揭露残酷现实和邪恶人性的同时，又肯定了人道主义关于仁爱和善良人性的观点。

德克
擅写下层人物的剧作家

德克是英国剧作家、散文作家，擅长写下层人物。他一生穷困潦倒，曾因负债被长期囚禁，对伦敦的下层生活十分熟悉。他以善于写生动、有力、口语化的散文著称。他的剧作主要写下层社会。《鞋匠的节日》是一出典型的市民喜剧，主要用散文的笔法写成，穿插了一些用无韵诗描写的场面。

琼森
古典主义戏剧的先驱

琼森是英国诗人、戏剧家和学者，也是莎士比亚之后最杰出的剧作家。他学识渊博，在创作理论上有独到的见解，被文学史家称为英国文艺复兴时期的"标准"作家。他那富有活力但又很有节制，既优美又有力量的诗行影响了下一代诗人。琼森是英国古典主义的先驱者之一，也是城市喜剧的创始人。代表作有喜剧《富尔蓬涅》《炼金术士》等。

琼森

马斯顿
有力的讽刺喜剧作家

马斯顿是莎士比亚时代英国有力的讽刺喜剧作家。他和琼森共同赋予喜剧以揭露社会黑暗、批评时政的作用，把戏剧的社会批判功能提到了一个新的高度。马斯顿最著名的剧作是悲喜剧《愤世者》，其中运用了当时流行的复仇悲剧的许多手法。

维加

维加
西班牙民族戏剧的奠基者

维加是西班牙最重要的也是最多产的剧作家和诗人，他善于从题材中发现戏剧冲突，以此来丰富戏剧的主题思想。他以情节和行动作为戏剧的要素，把悲和喜、善和恶、贵族和平民、诗意和激情熔于一炉，如同现实生活一样。

《羊泉村》
维加最著名的戏剧

《羊泉村》是维加创作的三幕诗体喜剧。主题思想为反抗暴政，要求正义、忠诚、秩序。剧中图谋反抗王权的贵族戈梅斯回到其领地羊泉村胡作非为，糟踏百姓。村民同仇敌忾，冲进城堡，将戈梅斯杀死。官方拷问村民，追究凶手，村民一致回答："是羊泉村干的。"最后，国王宽恕了全体村民，并将该村直接置于王室的管辖之下。剧中对话全为诗体，生动机智，情节简洁，冲突有力。

古典主义戏剧

·像艺术家一样思考·

古典主义指17世纪流行于西欧特别是法国的一种文学思潮，由于它在理论和实践上都效法古希腊罗马而得名。古典主义作品主张国家统一，歌颂贤明君主，强调人的行为应受理智和意志的支配。在艺术上提倡模仿古代，重视规则，遵守"三一律"。法国的高乃依、拉辛的悲剧和莫里哀的喜剧共同代表了这一时期的文学成就。

想一想 遵守"三一律"是古典主义剧作家的创作特点之一，人们历来对此有褒有贬，应该如何正确评价"三一律"呢？

高乃依

高乃依

法国古典主义戏剧的奠基者

高乃依是法国古典主义悲剧早期的代表剧作家。他的作品生动地体现了古典主义文学的特征，表现出忠君爱国的政治倾向性。他的悲剧作品以形式完善、诗句音韵铿锵、内容深刻、人物内心刻画细腻著称。1636年他的剧作《熙德》上演，轰动一时，成为法国古典主义戏剧的奠基之作。

《熙德》

国家责任与爱情的冲突

《熙德》是高乃依创作的五幕诗剧，描写西班牙贵族青年罗德里克和施曼娜相爱的故事。双方的父亲因争夺当王子老师的荣誉发生争执，罗德里克在父亲的严命下杀死施曼娜的父亲，后在抵御外族入侵时成为民族英雄。施曼娜也怀着相爱与复仇的矛盾心情在国王说合下，等罗德里克再立新功时成婚。剧情发展扣人心弦，突出了责任与爱情的冲突，剧中人都表现出刚毅的美德和百折不挠的精神。

《贺拉斯》

体现了亲情服从于国家的古典主义创作原则

高乃依的戏剧《贺拉斯》与《熙德》一样，也是以忠君爱国的天职与儿女私情的矛盾为主题。罗马与阿尔巴两国交战，相持不下，最后双方决定，每方各出三人交锋，以决胜负。罗马送出贺拉斯家三兄弟，阿尔巴送出库里阿斯家三兄弟。交战结果，贺拉斯兄弟中两人牺牲，但小贺拉斯用计把库里阿斯三兄弟杀死，取得最后胜利。凯旋归来的贺拉斯，受到姐姐的斥责。贺拉斯听到她咒骂祖国罗马，激于义愤，杀死了她。审判贺拉斯时，他的父亲出庭辩护，贺拉斯终于因其爱国热情获释。高乃依的作品生动地体现了古典主义的特征，表现出忠君爱国的政治倾向。这部悲剧以形式完善、诗句音韵铿锵，内容深刻，人物内心刻画细腻为特点，体现了高乃依剧作的一贯作风。

法国画家大卫的油画《贺拉斯兄弟的宣誓》

17 世纪法国著名喜剧的画像

三一律

三一律是法国古典主义文学的创作规则，它规定戏剧的情节、时间、地点必须保持一致，即一部剧本只允许写一个故事情节，必须发生在一天之内和同一个地点。三一律作为古典主义戏剧的一条固定法则，对创作是一种严重的束缚，但作为戏剧结构的一种形式，它可以使剧本结构更集中、严谨。

莫里哀

莫里哀

法国最伟大的喜剧作家

莫里哀是法国喜剧作家、演员。他的喜剧种类和样式是多样化的，已超越古典主义的范围。他对古典主义至高无上的"三一律"和其他戏剧规则并不墨守陈规，从而获得了创作上的自由。从整体来看，莫里哀的所有喜剧几乎都具有闹剧的因素，坚持平民的趣味。但莫里哀革新了民间的闹剧，使他的喜剧在风趣、粗犷之中表现出严肃的态度。他把日常的生活用语提炼后搬上舞台，显得自然、生动。

《悭吝人》

莫里哀最深刻的"性格喜剧"

放高利贷的阿巴贡嗜钱如命，可又想娶一个妙龄女郎，这姑娘碰巧是他儿子的情人。他儿子的听差偷走了他埋藏在花园里的一箱金币，使这个吝啬的人痛不欲生，最后他宁可放弃姑娘，要回金币。在剧中，致富的渴求和吝啬完全支配了阿巴贡的思想和行动。由于剧本描写人物的巨大成功，同莫里哀另一部戏剧中的人物答尔丢夫是"伪君子"的同义语一样，在法语中，阿巴贡也成了"吝啬鬼"的同义语。

拉辛

第一个写心理悲剧的作家

拉辛是第一个写心理悲剧的法国作家，他创作的特点和杰出的写作技巧在他所有作品中都显露出来，尤其是形式的严谨、优美，以及剧情的曲折多变、心理描写的细腻深刻，特别吸引人的注意。拉辛的剧作以描写爱情和情欲横流为特点。

《安德洛玛克》

以古希腊的故事反映当时的宫廷生活

《安德洛玛克》是拉辛的代表作品。这是一部五幕诗体剧，取材于希腊、罗马的史诗和悲剧。特洛伊城陷落，皮罗斯俘获了安德洛玛克后与她一见钟情，因此一再拖延与斯巴达公主的婚期。公主妒火中烧，唆使钟情于她的希腊特使俄瑞斯忒斯刺杀皮罗斯，后公主悔恨自杀。拉辛在悲剧中对安德洛玛克忠于祖国、反抗强暴的高风亮节无限赞扬。

拉辛

18 世纪戏剧

处于 18 世纪的欧洲正是从封建主义向资本主义过渡的时期，代表新兴资产阶级的作家向封建意识形态发起全面批判的强大运动，在各种学科领域进行思想启蒙，这就是欧洲历史上有名的启蒙时代。在法国，博马舍的喜剧代表了启蒙戏剧的最高成就；德国著名的狂飙突进运动推出了伟大的剧作家歌德与席勒；在意大利，哥尔多尼对民间长期流行的即兴喜剧做了改革，对后世影响很大。

想一想 18 世纪文学的战斗性非常强，往往与现实斗争相配合，比较席勒的悲剧与哥尔多尼的喜剧在这方面是如何体现的。

哥尔多尼
意大利现实主义喜剧的探索者

哥尔多尼是意大利喜剧作家，他主张喜剧从生活中汲取素材，忠实地反映现实生活，刻画鲜明人物性格；强调以批判的眼光汲取古代和外国喜剧的长处，建立具有民族特色的喜剧。他把这种现实主义喜剧叫做"风俗喜剧"，或者"性格喜剧"。哥尔多尼从意大利文艺复兴喜剧和法国喜剧中汲取养分，加以创新，奠定了以思想内容丰富、具有迷人的艺术力量为特征的近代意大利现实主义喜剧的基础。

《一仆二主》剧照

《一仆二主》
初步体现哥尔多尼喜剧改革的作品

哥尔多尼一生写了 100 多部喜剧，早期名剧《一仆二主》继承了即兴喜剧的某些特点。剧中保留了一些传统的假面人物，但已赋予其新的性格特征。来自社会下层的仆人是这出喜剧的主人公，作者着意刻画他憨厚、淳朴的性格，热情赞美他的聪明、机智。鲜明生动的人物性格和浓郁的威尼斯生活气息，使这出喜剧获得了成功。

《女店主》
性格喜剧的杰作

《女店主》是哥尔多尼性格喜剧的杰作。女店主米兰多林娜是哥尔多尼塑造得最成功的女性形象，她勤劳乐观，妩媚动人，在机智地戏弄了那些不怀好意的显贵人物之后，最终选择了一个诚实的仆人为终身伴侣。剧中不同阶级、不同身份人物的性格，都得到了生动的表现。

《女店主》剧照

博马舍
从古典主义向近代戏剧过渡的桥梁

博马舍是莫里哀之后法国又一杰出的喜剧作家，他的戏剧代表作不仅表达了启蒙运动思想，富于时代气息，而且在艺术形式上也达到了较高的成就。他继承了古典主义戏剧结构严谨、情节集中的优点，还吸取了民间创作的多样化和现实主义因素，对古典主义戏剧向近代戏剧的过渡起到了承前启后的作用。

表现《费加罗的婚礼》剧情的一幅画

《费加罗的婚礼》
被众多艺术家不断改编的戏剧

这是博马舍的代表剧作。作品塑造了一个性格复杂、聪明机智的小人物费加罗，他用智慧战胜了色厉内荏的伯爵，实现了自己婚姻的愿望，反映了法国大革命前夕人民群众的乐观情绪。这部剧曾被改编为歌剧等其他艺术形式，在全世界有着广泛的影响。

《浮士德》
最优秀的以浮士德为题材的作品

歌德最重要的戏剧是《浮士德》，这部作品的创作贯穿了作者的全部创作生涯。剧中的浮士德是一个为探索真理、追求人类最高理想而永不止息地奋斗的人物。《浮士德》不是通常意义上的戏剧，而是把诗歌、戏剧和小说的特点糅合在一起的戏剧，就形式而言，是一部"无与伦比"的作品。《浮士德》与荷马史诗、但丁的《神曲》、莎士比亚的《哈姆莱特》并列为欧洲文学的四大名著。

《浮士德》中的一幕场景

席勒

席勒
德国狂飙突进运动的典型代表

席勒是德国剧作家、诗人。作为狂飙突进运动和古典文学主将之一，席勒的文艺创作反映了这一历史时期德国的现实。他的戏剧创作分为狂飙突进运动和古典文学两个时期。从《唐·卡洛斯》这个剧本开始，席勒改用韵文写作，并且注重对人物的客观描写，显示出古典文学的特征。而《威廉·退尔》则是他完成的最后一部现实主义名剧。

歌德
德国最伟大的文学家

德国文学家、剧作家歌德的文学创作包括了几乎所有的文学体裁，而且在各方面都有杰出的贡献。戏剧创作只是他全部创作的一部分，但又是最重要的一个部分。歌德是德国文学中最伟大的作家和享誉世界的人物。他与席勒合作，使得德国的浪漫主义和古典主义有了完美结合。

歌德

19 世纪戏剧

· 像艺术家一样思考 ·

在19世纪，欧洲戏剧分为两大流派：浪漫主义戏剧与现实主义戏剧。浪漫主义戏剧主张表现人们主观的内心生活，反对创作上的种种规则，强调创作自由。浪漫主义戏剧作为一个流派存在的时间是短暂的，但它的精神却影响到20世纪的一些流派。现实主义在这里是指19世纪30年代以后取代浪漫主义而形成并发展起来的戏剧流派。它在创作中强调按照生活的全部真实性和本来面貌再现现实，以真实地再现典型环境中的典型性格为显著标志。

想一想 浪漫主义与现实主义在创作精神上有很强的对立性，阅读一些作品，体会二者的特点。

普希金

俄罗斯现实主义戏剧的创始者

普希金是俄国浪漫主义文学的杰出代表，现实主义文学的奠基人。他创作了著名的历史悲剧《鲍里斯·戈都诺夫》，这是根据莎士比亚的"通俗化原则"写成的，标志着他与法国戏剧的古典主义决裂。剧本描写沙皇戈都诺夫谋夺皇太子的皇位后，受到良心的谴责。在全国各地发生饥荒和皇太子得到波兰的支持入侵俄国时，戈都诺夫服毒自杀的故事。这部剧被视为俄国第一部现实主义的历史悲剧。

雨果

法国浪漫主义的代表人物

雨果是法国作家、戏剧家。他的戏剧创作，从内容、结构到风格都创建了法国式的浪漫主义戏剧，他以戏剧为论坛，通过戏剧的创作和演出实践来阐述他对人生的看法。五幕韵文历史剧《吕依·布拉斯》是雨果最有生命力的代表作。他笔下的主要人物性格鲜明，具有巨大艺术魅力。雨果还革新了舞台艺术实践，最突出的是导演的出现，舞台美术和灯光布景的作用日显重要。

雨果剧作《吕依·布拉斯》剧照

《克伦威尔序言》

浪漫主义文学运动的宣言

《克伦威尔》是雨果的一部五幕韵文剧。在这部剧的《序言》中，雨果提出戏剧应打破"三一律"的束缚，要表现新思想，艺术的真实应高于现实的真实，成为集中反映生活的镜子；他认为戏剧的特色在于表现有代表性的个性；雨果明确提出浪漫主义对比原则，即把粗俗怪诞与崇高圣洁相结合并进行对比。这篇序言被公认为浪漫主义运动的重要宣言。

果戈理

果戈理

批判现实主义戏剧奠基人

果戈理是俄国小说家、剧作家。他认为真正的"高级喜剧"应该是社会的"镜子"，喜剧中的人物不应该是漫画，而应该是活生生的性格和典型。果戈理善于捕捉生活中的本质现象予以提炼集中，并以大胆夸张的手法使之典型化。别林斯基说：果戈理剧本里的人物都是从俄国生活的隐秘深处取来的性格。

《钦差大臣》
社会的"镜子"

这部剧是果戈理提倡的新型"社会喜剧"的典范。剧中描写从圣彼得堡来的花花公子赫列斯达科夫被误认为是钦差大臣，于是市长把他请到自己家里，用女儿为钓饵以求升官晋级，其他官僚也纷纷行贿。当邮政局长私拆了赫列斯达科夫的信件之后，市长才发现了自己的愚蠢。赫尔岑把《钦差大臣》称做是"现代俄罗斯的可怕的自白"。

《钦差大臣》插图

易卜生
欧洲现代戏剧之父

易卜生是挪威戏剧家和诗人。他的戏剧创作经过了浪漫主义、现实主义和象征主义三个阶段。主要创作成就体现在现实主义戏剧方面，尤其以四大社会问题剧为最高标志。易卜生的社会问题剧既不是喜剧，也不是悲剧，以一种崭新的戏剧样式出现在世界戏剧舞台上，具有深刻的生活和思想内涵。

《玩偶之家》
最著名的社会问题剧

《玩偶之家》是易卜生最主要的代表作品。描写了女主人公娜拉和她的丈夫海尔茂的家庭生活。当娜拉认识到自己的玩偶地位时，她毫不迟疑地出走了。这是社会问题剧中的标准结局。该剧无论就内容或形式而言，在欧洲戏剧发展史上都属创举，影响深远。剧本情节单纯，结构紧凑，形式完整，矛盾冲突集中尖锐。紧张的戏剧场面、深刻的人物心理刻画以及精练明确的戏剧语言等，都是这部剧作的艺术特色。

《玩偶之家》剧照

萧伯纳
莎士比亚之后最伟大的英语剧作家

萧伯纳是英国戏剧家。在漫长的戏剧创作生涯中，萧伯纳共完成51部戏剧，成为莎士比亚以后最伟大的英语剧作家。萧伯纳大力倡导和创作以讨论社会问题为主旨的"新戏剧"，对20世纪英国戏剧和世界戏剧的发展做出了重大的贡献。他的剧本不仅有丰富的思想内容和社会意义，而且在艺术构思方面不断创新，对欧洲现代戏剧的象征、表现及荒诞手法均有尝试和探索。代表作有：《巴巴拉少校》《皮格马利翁》《伤心之家》等。

萧伯纳

契诃夫
俄国伟大的批判现实主义作家

俄国小说家、剧作家契诃夫的戏剧创作不追求离奇曲折的情节，他描写平凡的日常生活和人物，从中揭示社会生活的重要方面。在契诃夫的剧作中总是充满着丰富的潜台词和浓郁的抒情味；他的现实主义富有鼓舞的力量和深刻的象征意义。代表剧作有《伊凡诺夫》、《海鸥》、《万尼亚舅舅》、《樱桃园》等。

20 世纪戏剧

· 像艺术家一样思考 ·

戏剧艺术发展到 20 世纪，体现出一种动荡不安的状态。一方面受第二次世界大战的影响，使得剧作家们以前所未有的眼光来重新审视生活，认为生活是怪诞不经的；另一方面受到弗洛伊德精神分析的思想影响，各种艺术形式中出现了描写人的精神、意识等极为抽象的对象。在这样的背景下，这一时期出现了众多流派，如象征主义、表现主义、存在主义、荒诞派，等等。由于他们认为描写的是真实的人的"精神"，所以自称为"真正的现实主义"。

想一想 20 世纪的剧作家在写作手法上最大的特点是什么？

20 世纪的很多戏剧流派都从现代派画作中得到启发。

萨特

存在主义戏剧的创始人

萨特是法国剧作家、小说家、哲学家，是存在主义哲学的奠基人，他的戏剧一般都浸透着存在主义哲理。萨特的戏剧虽不以情节取胜，但善于处理戏剧冲突，往往在结尾时造成戏剧性的突变，使行为和境遇的矛盾得到迅速解决，而且，剧本的哲学思索给人以隽永的回味。萨特的剧本从总体结构、从物与情节的设计以及台词的运用等方面来说，在法国现代戏剧中堪称出类拔萃之作，代表作品有神话剧《群蝇》、寓言剧《密室》等。

辛格

爱尔兰最优秀的民族剧作家

辛格是爱尔兰剧作家。他认为生活是戏剧的唯一源泉，把真实地反映爱尔兰农民的生活作为他戏剧创作的主要任务。他认为舞台上必须要有真实性，要求布景和道具必须和现实生活中的完全一样。他的语言抓住了爱尔兰民族性格的实质，巧妙地运用于不同场合、不同人物，把爱尔兰方言和英语结合得非常完美。辛格对戏剧的贡献在于语言的创新和抒情的文体，他的戏剧实践为 20 世纪初的英国舞台开辟了新的天地。代表作有被认为是 20 世纪最优秀的爱尔兰剧本的《西方世界的花花公子》和现代戏剧中最优秀的独幕悲剧《骑马下海人》等。

奥尼尔

"美国现代戏剧之父"

奥尼尔为美国戏剧家。由于他在美国戏剧方面的开拓作用，被称为"美国现代戏剧之父"。奥尼尔创造性地运用各种戏剧流派的表现手法进行创作，他的许多作品深刻地反映了美国的现实生活，揭露了社会存在的种种丑恶现象和严重问题。但他在处理这些问题时，采取了悲观主义的态度。

1970 年的萨特（右）

《密室》

"他人就是地狱"

寓言剧《密室》巩固了萨特作为存在主义代表作家的地位。剧本把相互角逐的一男二女置于阴森的地狱式的房间里，三个亡魂都不改生前的本性，每个人都为一己之私而试图葬送另外两个人的幸福。但谁也不能如愿以偿，以至男主角感叹地说："他人就是地狱。"这句话尖锐地揭示了社会中以邻为壑的人际关系，已成了存在主义的名言。

贝克特

他创作了"奇特形式"的戏剧作品

贝克特是爱尔兰小说家、戏剧家，长期居住在法国。他认为"只有没有情节、没有动作的艺术才算得上是纯正的艺术"。在他的小说和戏剧中，对环境、人物面貌、情节、动作的描写都减少到最低限度，竭力排除故事性的情节、真切的心理描写、具体的环境描写、含义实在的对话和一切戏剧程式，使其文学创作显现出了全面反传统的特点。所以有人称他的戏剧为"反戏剧"。他被公认为法国荒诞派戏剧的主要代表人物之一。

贝克特

《等待戈多》

荒诞派戏剧的经典作品

两幕剧《等待戈多》是贝克特的成名作，也是他最有影响的剧作。剧中主人公弗拉迪米尔和艾斯特拉贡在旷野的一条路上等待戈多。但谁是戈多，他们也不清楚。他们前言不搭后语地谈着话，因为这样就可以不想、不听。尽管"幸运儿"屡次宣布戈多一定会来，可是直到最后也没有出现。

《等待戈多》剧照

尤内斯库

"荒诞派戏剧的奠基人"

法国荒诞派剧作家尤内斯库的戏剧特点是标新立异、荒诞离奇。他认为语言必须高度戏剧化，不同人物重复相同的台词，可产生意想不到的强烈效果。尤内斯库的戏剧虽然荒诞曲折，但反映的仍是现实社会中客观存在的弊端。

《秃头歌女》

"人生是荒诞不经的"

独幕剧《秃头歌女》是尤内斯库的处女作，作者称这部剧为"反戏剧"。该剧描写两对典型的英国中产阶级夫妇(一对主人与一对客人)，在典型的英国中产阶级家庭起居室里展开无聊的对话。结尾时，客人夫妇坐到原来主人夫妇的位置上，重复主人在幕启时的对话。全剧没有动作和剧情进展，没有人物性格，没有统一情节和内在连贯。这部剧作与作者的其他作品都表达了尤内斯库"人生是荒诞不经的"看法。

品特

表现生活对于人的威胁

品特是英国剧作家，英国荒诞派戏剧的代表人物。他在作品中着意渲染了生活对于人的威胁，并总是以外部威胁给人物带来灾难而告终。西方评论界称他的戏剧为"威胁喜剧"。品特常在作品中用完全不确定的环境、事件、人物来历和变幻不定的情节来表现世界是不可知的。他的重要作品有《升降机》《看房者》《昔日》等。

品特

中国话剧

中国话剧只有约八九十年的历史，它形成于20世纪初，在"五四"运动前后已臻成熟。不少作家为中国话剧的发展做出了重大贡献，如洪深在编、导、演、理论等方面的努力；欧阳予倩等人对西方戏剧的译介；田汉、郭沫若等人对西剧中化的创作实践；老舍、曹禺对话剧艺术的探索与创新，等等。

想一想 中国话剧与西方戏剧有哪些不同？

欧阳予倩

传统戏曲和现代剧之间的金桥

中国戏剧艺术家欧阳予倩的剧作具有与时代脉搏相通的进步倾向的特点。他最成熟的话剧创作是由京剧改写的《桃花扇》，这出戏至今仍是中国话剧舞台的保留剧目。《桃花扇》塑造了一位富有反抗性格和坚贞爱国情操的女子李香君的形象。欧阳予倩导演的话剧具有戏曲的某些特点，而他导演的戏曲，又吸收了话剧的一些特色，丰富了表现力。

欧阳予倩改编的《桃花扇》剧照

郭沫若

历史剧创作的开拓者

郭沫若是诗人、剧作家、历史学家。郭沫若的戏剧创作有诗剧、话剧，除一个剧目是现代题材外，其他均为历史剧。代表作有《高渐离》《南冠草》《蔡文姬》等等。郭沫若的剧作都是他感情迸发的产物，作品中充满了作者本人的声音，与被描写的对象融合在了一起。而《屈原》更是主客一体、高度融合的代表。他的作品中总有着昂扬热情的基调，被认为是浪漫主义戏剧的代表。在史剧创作理论上，他有许多精辟的见解，如主张历史研究在"实事求是"，历史剧创作在"失事求似"，等等。

《屈原》

"失事求似"的历史剧

《屈原》是郭沫若杰出的历史剧之一，取材于战国时代诗人屈原的事迹，剧本并未拘泥于事实，而是把屈原与楚怀王为首的统治集团的矛盾集中在一天之内，生动地表现出伟大诗人忧国忧民、磊落坚贞的崇高品质。由于其成功地运用了"失事求似"的原则，从而获得了"自由"创作的效果。

《屈原》剧照

《蔡文姬》

倾注作者对祖国深厚感情的剧作

《蔡文姬》是郭沫若创作的一部历史名剧。话剧主要描写了东汉才女蔡文姬的坎坷际遇。在这部戏中，郭沫若把自己的体验融入在整部剧作中，并且在蔡文姬这个人物身上倾注了自己对祖国深厚的感情，用磅礴的气势和浪漫的笔调成功地塑造了一代才女蔡文姬的形象。

《蔡文姬》剧照

丁西林
中国喜剧作家中的佼佼者

丁西林是中国剧作家、物理学家，是"五四"以来有影响的剧作家之一。丁西林的喜剧很重视结尾艺术，每每在全剧矛盾冲突已经结束了后，又出人意料地添上一笔，进一步强化喜剧效果。丁西林的喜剧语言以幽默俏皮为人称道。他的独幕剧，堪称喜剧领域中的上乘之作，代表了中国"五四"以来在话剧创作方面的成就。

《压迫》
在平淡中寻找冲突

丁西林喜剧的艺术性集中体现在《一只马蜂》《压迫》和《三块钱国币》中。《压迫》这一独幕剧，反映的是大城市一些房东普遍不招单身房客的现象。剧中写一个单身男房客被房东太太赶走后与一单身女房客假称夫妻租下房子的故事。在这幕剧中，丁西林采用了旁敲侧击、将错就错等常用的喜剧效果创造手法，使得这一平淡无奇的情节充满喜剧冲突。

洪深改编的《黑奴吁天录》演出海报

洪深
中国话剧的开拓者

中国戏剧家、导演、戏剧教育家洪深是我国话剧艺术的开拓者，在话剧的各个领域都做了开辟意义的工作。他所创作的《贫民惨剧》是中国现代文学史上第一部较完整的话剧剧本；参加上海戏剧协社后，首开男女合演话剧新风；为中国话剧首创正规的导演制度。他又是第一个为话剧正式定名并沿用至今的人。

田汉
"现代关汉卿"

中国现代戏剧奠基人、剧作家、诗人田汉，一生共创作话剧、歌剧、电影剧本、戏曲剧本等100多部，他的剧作重视传统戏曲艺术的历史成就和社会作用。在他的作品中，以浪漫主义与现实主义相结合为特点，尤其是后期的创作，充满着高昂情绪的抒情插曲与人物对话的抒情味，给剧作增加了诗意。

《关汉卿》
中国话剧史上的丰碑

这是田汉为纪念世界文化名人关汉卿而作。话剧《关汉卿》以《窦娥冤》的写作和上演为线索来展开矛盾冲突，塑造了元代戏剧家关汉卿的艺术形象。刻画了权贵阿合马、深明大义的歌伎朱帘秀、嫉恶如仇的赛帘秀、诙谐风趣而又爱憎分明的王和卿等形象。全剧结构完整，描写细密，语言精练，体现了田汉创作的一贯特色：丰富的想象、炽热的诗情、执著的历史正义感。

《关汉卿》剧照

田汉话剧的"双璧"

田汉一生创作了大量的优秀话剧，《获虎之夜》《名优之死》《丽人行》等等都是久演不衰的名剧。历史剧《关汉卿》和《文成公主》是为作家赢得中国话剧史上不朽地位的作品，田汉也因此被称为"现代关汉卿"。由于这两部话剧在思想上艺术上取得的巨大成就，被人们称为田汉晚年艺术创作的"双璧"。

老舍

"人民艺术家"

老舍是中国小说家、剧作家，原名舒庆春。老舍的戏剧创作是从抗日战争初期开始的。他的剧作语言平实晓畅，是经过艺术提炼后的口语，往往三言两语就能活画出一个人物的形象、性格和心理活动。为表彰老舍在话剧艺术上的杰出成就，北京市人民政府授予他"人民艺术家"的荣誉奖状。

《茶馆》

老舍戏剧创作的顶峰

老舍的三幕话剧《茶馆》以北京一家大茶馆为背景，描写了清末、民初、抗战胜利以后三个历史时期的北京社会风貌。每一幕写一个时代。北京各阶层的三教九流人物，出入于家裕泰大茶馆。作者通过人物在茶馆里的生活片断，表现出一幅气势宏伟的历史长卷。全剧虽没有贯穿始终的故事情节，却充满了浓郁的生活气息，语言简洁、生动、传神、隽永，达到了炉火纯青的艺术化境地。

老舍和《茶馆》的演员在一起

《龙须沟》

体现新旧社会对"人"的不同态度

《龙须沟》是老舍创作的三幕话剧，通过一个小杂院四户人家的苦辣酸甜，写出了北京龙须沟一带劳动人民生活、命运的巨大变化。塑造了程疯子、王大妈、娘子、丁四嫂等成功的艺术形象。通过他们心态的变化，反映了时代的激变和新旧社会对"人"的不同态度，生动地表现了中国共产党为人民服务的本质，进而使该剧成为一曲热情洋溢的新社会赞歌。

夏衍

现实主义剧作家

夏衍本名沈乃熙，是中国剧作家、电影作家、翻译家、新闻工作者。夏衍曾与郑伯奇等人发起和领导了上海艺术剧社，这是他和戏剧发生关系的开始。夏衍的剧作显露出独特的现实主义风格，剧本的选材紧密配合当前的现实斗争，洋溢着争取民族解放的激情和革命乐观主义精神。在艺术上，他往往用日常生活中的细节构成冲突，生活气息浓郁，语言朴素、洗练，以一种素描或淡彩画的笔法来表现严肃的主题，揭示时代的本质，使人感到平易亲切，耐人回味。代表作有多幕剧《上海屋檐下》《水乡吟》《法西斯细菌》，根据托尔斯泰同名小说改编的《复活》，等等。

1930 年的夏衍（右）

《茶馆》剧照

《上海屋檐下》剧照

《上海屋檐下》
"个个角色都有戏的群戏"

《上海屋檐下》是夏衍以现实生活为题材创作的三幕话剧。剧本通过一座弄堂里五户人家一天的经历，真实地表现了抗战爆发前夕上海小市民的痛苦生活。剧作布局新颖而严密，作者把一群各种各样的"小人物"巧妙地拉到一起，使他们的故事齐头并进，却没有紊乱的感觉，波澜起伏，紧凑自然。

陈白尘
立足于真实的剧作家

陈白尘的话剧多数是历史剧和讽刺剧。他所创作的历史剧立足于真实，在真实的基础上鲜明地表现真善美与假恶丑的对立。他认为历史剧应该按照历史本来面目去反映，而不是搞影射和异想天开的虚构。其代表作《升官图》通过两个强盗的"升官梦"，把一个小县城肮脏的官场交易展现在舞台上，刻画了一幅官场的"群丑图"。

曹禺
"中国的莎士比亚"

曹禺是中国剧作家、戏剧教育家，本名万家宝，是中国话剧史上继往开来的重要人物。在他之前的话剧大都以宣传民主革命思想为主要任务，在艺术性上有很多欠缺。曹禺继承了先驱者们的民主精神和为人生的艺术主张，同时广泛借鉴和吸收了中国古典戏曲和欧洲近代戏剧的表现艺术，把中国的话剧艺术提高到了一个新的高度。曹禺的作品，不但提高了戏剧文学的水平，对导、演艺术和舞台美术也产生了深刻的影响，使话剧成为真正的综合性艺术。他的优秀作品《雷雨》，成为中国话剧艺术成熟的标志，与后来所创作的《日出》都是演出场次最多的剧目。

曹禺

《雷雨》
曹禺的现实主义巨著

《雷雨》是曹禺最著名的一部多幕话剧。他从自己青少年时期熟悉的社会圈子里，提取了《雷雨》的题材，通过周鲁两家八个人物的历史与现实纠葛，反映了20世纪30年代复杂的社会生活和冲突，塑造了周朴园、侍萍、周萍、繁漪等性格各异的人物。《雷雨》情节有着尖锐的戏剧冲突、严谨的结构、浑厚凝重的格调和浓重的悲剧气氛。《雷雨》把中国年轻的话剧艺术提到了一个新的高度。《雷雨》的成就是多方面的，但人物刻画的成功是其生命力所在。

《雷雨》剧照

曹禺的"三部曲"

《雷雨》《日出》《原野》被称为曹禺的"三部曲"。《雷雨》结构严谨，《日出》规模宏大，《原野》创新意味浓烈。这些剧作，以其深邃的内涵、圆熟的技巧，被认为是中国话剧的经典之作，犹如一座座丰碑，奠定了曹禺在中国话剧发展史上的地位。

中国戏曲

中国戏曲艺术有着800年以上的历史，由南宋戏文、金元杂剧、明清传奇、近代地方小戏直到现代新戏曲，不断地蔓延发展，出现了关汉卿、王实甫、汤显祖等优秀的剧作家。中国的戏曲在世界戏剧艺术中自成体系，总的说来，具有如下特点：综合性——歌、舞、剧高度综合；程式化——演员的角色行当、表演动作和音乐唱腔等，都有一些特殊的固定规则；虚拟性——略形传神的表演方法。

想一想 中国戏曲与西方戏剧在舞台形式上有什么不同？

评剧演员
新凤霞

评剧
注意配合现实的剧种

评剧是在民间说唱"莲花落"的基础上发展起来的，产生于河北一代农村，20世纪初形成于唐山。评剧的唱腔与表演极富民间特色，欢快活泼，生活气息非常浓郁，曲词浅白通俗，深受民间大众喜爱，以华北、东北地区流传最广。传统剧目有《秦香莲》《花为媒》《杨三姐告状》等。

昆腔
众多戏曲形式的鼻祖

昆腔形成于元代后期，又叫昆山腔、昆曲、昆剧。明嘉靖年间，魏良辅对昆腔进行改革，建立了委婉细腻、流丽悠远、号称"水磨调"的昆腔歌唱体系。之后，昆山人梁辰鱼继续对昆腔进行研究，并创作了第一部昆腔作品，使其在艺术上更加完备，逐渐发展成全国性剧种。

革命现代京剧《红灯记》剧照

京剧
最具艺术性的戏曲剧种

京剧在清朝光绪年间形成于北京。京剧舞台艺术在文学、表演、音乐、唱腔、锣鼓、化妆、脸谱等各个方面，通过无数艺人的长期舞台实践，构成了一套互相制约、相得益彰的格律化和规范化的程式。在表演上要求精致细腻，处处入戏；唱腔上要求悠扬委婉，声情并茂。

火神   项羽

中国戏曲人物扮相

秦仁   秦灿

豫剧
豪迈激越的剧种

豫剧也叫河南梆子、河南高调。起初流传于河南一带。豫剧的音乐曲调流畅，节奏鲜明，文场柔和舒畅，武场炽烈劲切，艺术风格豪迈激越。豫剧一向以唱功见长，唱腔流畅，节奏鲜明，吐字清新，行腔酣畅，易于为观众听清，表演细腻，真切感人，文辞通俗易懂，是最吸引观众的剧种之一。

豫剧《花木兰》剧照
常香玉饰演花木兰。

越剧
极富江南风韵的剧种

越剧因发源于浙江省绍兴地区，即古越国所在地，故名越剧，它由说唱艺术"落地唱书"发展而来。越剧在表演与唱腔上借鉴了绍剧、京剧的艺术特长，腔调婉转柔美，表演舒缓蕴藉，极富江南风韵。流行于浙江、上海一带。传统剧目有《梁祝》《西厢记》《红楼梦》等。

越剧《西园记》剧照

黄梅戏《天仙配》
严凤英饰七仙女，王少舫饰董永。

黄梅戏
接近真实生活的剧种

黄梅戏原名黄梅调、采茶戏，是在皖、鄂、赣三省毗邻地区以黄梅采茶调为主的民间歌舞基础上发展而成。黄梅戏吸收了民歌和其他民间音乐成分，唱腔婉转活泼，长于抒情。在表演上，载歌载舞，是最富于生活气息的剧种之一。更由于严凤英、王少舫等人的革新，使得黄梅戏在艺术上更为成熟，传遍大江南北。传统剧目有《天仙配》《女驸马》《打猪草》等。

粤剧
流行于海外的剧种

粤剧在明末清初时初现雏形，在充分借鉴了昆山腔、弋阳腔、广东民间音乐和时调后逐渐形成。粤剧的唱词通俗易懂，经过反复实践全部改用方言演唱；唱腔中时常穿插民歌小调；表演粗犷、质朴。流行于广东、广西、香港、澳门及各国华人聚居地。

京剧的脸谱

京剧的脸谱是一种富有装饰性和夸张性的人物造型艺术，以各种鲜明对比的色彩和各具规则的图案显示人物的性格品质和容貌特征，使人一望而辨忠奸善恶。色彩斑斓的脸谱被当做是中国戏曲的象征。

戏曲的行当

戏曲在塑造人物方面依据不同人物的性别、性格、年龄、身份划分为四种行当（角色）：生、旦、净、丑。行当的出现使得戏曲人物造型形象鲜明、风格多样。

生行

生行指戏曲剧目中的男性形象，面部化妆以俊扮（略施彩墨以达到美化效果）为特点。根据其年龄、身份的不同可以分为老生、小生、武生等不同的种类。

旦行

旦行指戏曲中的女性形象，俊扮。分为正旦、花旦、刀马旦、武旦、老旦、彩旦等。正旦又叫青衣，造型为娴静庄重的年青女子，以唱功见长，唱腔以质朴淳厚、情真意切取胜。

净行

俗称花脸，是面部勾勒脸谱的男性形象，音色宏亮宽阔，演唱风格粗壮浑厚，动作大开大阖，表现性格气质豪迈或粗犷的人物形象。

丑行

丑行指滑稽幽默或相貌丑陋的喜剧角色，面部化妆多在鼻眼间勾画豆腐块状脸谱，有文丑、武丑、女丑之分。丑是戏曲中喜剧人物的主要扮演者。

—电影—
电影类型与作品

电影发展到今天，从有无声片到有声片，产生出故事片、纪录片、动画片等类型，其中故事片无论在形式、内容还是数量上都是最为丰富的，依据它所表现的内容又可分为西部片、传记片、战争片、喜剧片等类别，而每个类别中都有开创性的作品或脍炙人口的经典。这些电影或以题材取胜，或以制作手法突显个性，或以其开创性在电影史上留下印记。它们的独特艺术成就推动了电影不断向前发展。

想一想 具有开辟意义的电影有什么共同点？

《北方的纳努克》剧照

《北方的纳努克》
纪录电影光辉的起点

1923年，美国导演弗拉哈迪编导的《北方的纳努克》的公映，标志着纪录电影在艺术创作上进入了一个新的发展阶段。影片纪录了一个因纽特人和他的家庭在冰冻的北方极地为谋生存的一天的斗争生活。影片借鉴了故事片的拍摄方法，至今还被采用。

《黄土地》剧照 陈凯歌的成名作，是典型的故事片。

故事片
最流行的片种

故事片是综合文学、戏剧、音乐、绘画等多种艺术因素，由演员扮演，以反映生活、塑造人物为主，具有故事情节的影片。故事影片一般直接取材于现实生活，也可从历史、神话中取材，或是对其他体裁作品的改编。一般故事片的放映时间大约以90分钟构成一个单独的放映单位。

纪录片
现实生活与历史的忠实写照

纪录片是以真人真事为表现对象，不经过虚构，直接反映生活的一个片种。纪录片是现实生活与历史的忠实写照，因而能以令人信服的真实性和来自生活的特有魅力去影响观众，从而实现它的社会功能。电影一出现就显示了它的纪录功能，世界上最早的一批影片如《工厂的大门》《火车到站》等实验性的影片，都纪录了真实生活的景象。

动画片
用图画表现形象与情节

动画片在英语中称为"卡通"，是以图画表现人物形象、戏剧情节和作者构思的影片。它采用"逐格摄影"的方法，将一系列互相之间只有细微变化而动作连续的画面拍摄在胶片上，然后以一秒24格的速度放映出来，即可获得活动自如的影象。

世界第一部动画长片《白雪公主》

《米老鼠与唐老鸭》
有声动画片的最好见证

1928 年的《汽船威利号》是世界电影史上第一部有声动画片，由美国的沃尔特·迪士尼导演。在这部动画片中，迪士尼创造出了米奇老鼠的形象。迪士尼在1934推出的动画短片《聪明的小母鸡》中塑造了一只著名的鸭子明星——唐老鸭。在后来的米奇动画系列《孤儿的义演》中，米老鼠与唐老鸭首次同台演出，从此这两位动画明星便成为固定搭档，风靡全世界。

西部片
美国电影初创时期的流行片种

西部片是美国电影初创时期流行的一种影片。初期的西部片都是一些短片，最早一部长片《横越平原》由专拍西部片的英斯导演。英斯的影片中，主人公都是头戴大草帽，身穿花衬衫，腰插双枪的牛仔，影片画面大都是衬有人马奔驰、尘土飞扬景象的木屋城镇，故事内容千篇一律。

西部片《独行侠双枪歼四虎》剧照

《正午》剧照

《正午》
开创了"心理"西部片的电影

《正午》是备受赞誉的经典西部片，导演弗莱德·齐纳曼的写实风格把西部片这一类型做了彻底的改造。影片描写美国西部一个小镇上，小镇宿敌米勒将在新任警察局长凯恩新婚的正午时分前来了断恩怨。当凯恩被小镇居民抛弃（甚至新婚妻子也不理解他），而不得不独撑危局时，他必须在自我的正义感与对新娘的忠诚之间做出决断。影片摒弃了西部片的风格化和神话式传统，开创了"心理"西部片的先河。

传记片
反映历史上真实人物的片种

传记片是以历史上杰出人物的生平业绩为题材的一种影片。传记片强调真实，但必须有所取舍、突出重点，在历史材料的基础上允许想象、推理、假设，并作合情合理的润饰。优秀的传记片能以真切生动的细节刻画人物，具有史学价值和文学价值。

《公民凯恩》
现代电影的开山之作

美国报业巨擘凯恩在深宅中孤寂地死去，死前叨念着"玫瑰花蕾"。一记者欲知究竟，先后采访了五位最接近凯恩的人。五人分别回忆并讲述了凯恩一生的经历，但均不知"玫瑰花蕾"的含义。人们在处理遗物时，一副印有玫瑰花蕾商标的儿童雪橇被投入炉火……本片大胆采用多视角的主观回忆并讲述拼嵌主人公的人生全貌，使描述更具真实感。

印度公路片《大篷车》中，穿插了许多歌舞情节。

公路片
以"寻找"为主题

公路片是一种通过交通工具的不断行进来表现旅途经历的片种。车中的旅行是开放的、断续的，其间停顿的时刻就会有无数的偶然和意外发生，这是公路片的情节组织原则所在。公路片的主题是"寻找"，寻找自我，寻找某种解脱，这是电影人对20世纪以来的城市生活的探讨。

《得克萨斯州的巴黎》剧照

《得克萨斯州的巴黎》
最动人的公路片

这是一部格调高雅、内涵深沉隽永、画面优美、叙事流畅的公路片，导演为维姆·文德斯。影片公映后即轰动世界影坛，欧洲评论界推举它是"近十年来最动人的影片"。影片的较大部分是在公路上拍摄的，片中的公路、风景、途中见闻等都服从于故事和情节的需要。

侦探片
强调悬念的片种

侦探片是以侦探为中心人物，以刑事案件的发生、侦查和破案为故事线索，描写侦探侦破疑难案件的影片。侦探片是电影史上较早出现的一种影片样式，其起源与19世纪末欧美各国盛行的侦探小说有密切关系。侦探片一般都具有离奇曲折的情节和强烈的悬念。

侦探片《辣手神探夺命枪》剧照

《马耳他之鹰》
具有黑色影片因素的侦探片

《马耳他之鹰》在形式上采用了侦探片的类型，有着曲折引人的故事情节。但它又和通常的侦探片不尽相同，在主题和人物方面开了黑色电影风气之先，如犯罪、堕落的氛围，虚无主义的基调，孤独、冷漠、愤世嫉俗、对人生不抱幻想的反英雄类型的男主人公，诱惑男主人公并导致其毁灭的女人，所有黑色影片应有的因素本片一应俱全。

《马尔他之鹰》剧照

战争片
以战争来表现人物的影片

战争片又叫军事片，是以军事行动和战争为题材的故事影片。中国拍摄的军事题材影片，一种以写人为主，着重刻画人物性格和思想精神面貌，另一种以写事为主，阐明重大军事行动的特点和性质。国外的战争片多以写人物为主，颂扬杰出的军事家和著名将领。

《巴顿将军》
一个与时代格格不入的悲剧式英雄

影片中的巴顿将军虽有赫赫战功，但他却是个性矛盾的人，曾因殴打患炮弹休克症的士兵而被媒体围攻甚至被勒令道歉。然而在大多数人心中，他仍被认为是美国唯一能够打硬仗的指挥官。本片是取材于真人真事的电影，以二战为背景，传神地描绘出了美国历史上著名的"暴戾的军神"乔治·巴顿将军在二战期间的经历，这种叙述方法类似于传记片。

恐怖片
以惊惧来触动观众的影片

恐怖片也叫悬疑片、惊悚片，其内容多涉及鬼怪、谋杀、精神病患者、生物灾难等。恐怖片以其独有的趣味打动人心，它对神秘主义的探索和对死亡体验的描绘，带给人深深的震撼和无尽的感触，使人在紧张的同时，体验了一种曾让自己好奇、惧怕甚至厌恶的真实。

表现令人惊惧的事物是恐怖片永远的主题。

《精神病患者》
西方第一部现代恐怖片

希区柯克的《精神病患者》可以说是恐怖惊悚片的代表作。在这部黑白影片里，只用一束光、一个影、人物细微的表情、肢体变化就能营造出恐怖来。本片带有浓厚的精神分析色彩，其中浴室凶杀的近景和特写短镜头的快速切换给人以强大的视觉冲击力，成为影史上的经典场景。

《摩登时代》
美国最后一部无声影片

《摩登时代》是1936年出品的美国电影，由卓别林自导、自演。内容说的是，大萧条时期，查理在钢厂机器传送带旁工作。高速运转的流水线、机械性的动作折磨得他神经失控，竟用扳手去拧女人裙扣、他人的鼻子……影片中最精彩的是前半部分，夸张中蕴藏着严酷的真实，致使其深刻的社会批判与讽刺意味无法被后面轻松的场面所冲淡。

卓别林在《摩登时代》中的表演

《雨中曲》
美国电影史上最具代表性的歌舞片

《雨中曲》是1952年出品的美国电影。影片描述的是，电影进入有声时代，默片搭档唐和琳娜面临巨大挑战。唐决定改拍新兴的歌舞片，嗓音尖细而又狂妄肤浅的琳娜只好让能歌善舞的凯茜为其配音。影片成功后，琳娜变本加厉地摆谱，唐巧妙地让她当众出丑，凯茜终于脱颖而出。这是一部音乐歌舞电影的杰作，片中的独舞"雨中曲"成为好莱坞电影的经典场景。

《雨中曲》一片的男主人公

喜剧片
包含不同含义的笑声

喜剧是用夸张的手法，意想不到的风趣情节和幽默诙谐的语言来刻画人物的性格，并使一些看上去难以置信的行为或动作具有逼真性的影片，是电影史上最早出现的片种之一。优秀的喜剧片都有高尚趣味和思想内容，往往用各种不同含义的笑声、讽刺鞭笞生活中丑恶落后现象，歌颂肯定美好进步事物。

歌舞片
歌舞与电影艺术的结合

歌舞片是指由大量歌舞场面组成的影片，由专业的歌舞演员担任角色。早期拍摄的歌舞片多属于轻松优美、娱乐性强的舞台艺术片。歌舞片的故事情节都比较简单，一般只起串连歌舞场面的作用，突出表现歌唱、舞蹈和音乐方面的艺术成就。歌舞片有歌舞兼备的，也有只侧重表现歌唱或舞蹈的。

蒙太奇

蒙太奇（Montage）是电影的基本结构手段和叙事方式，是电影艺术的基础。在影片制作中，艺术家们根据剧本主题的需要、情节的发展，将影片所要表现的内容分解为不同的段落、场面、镜头分别拍摄，然后再通过一定的艺术技巧，合乎逻辑而又富有节奏地把它们组合起来，构成一部完整的艺术作品。

电影流派

电影从19世纪末诞生到今天，已经有了质的飞越：从无声到有声，从黑白片到彩色片，从简单的拍摄技术到今天众多复杂的制作手法。电影发展经历了一个漫长的探索过程：或关注电影的纪实性，或强调纯视觉性，或不断改进叙事手法，或试验新的拍摄手法。在这个过程中，产生了众多各具特色的电影流派，他们为电影的发展做出了不可磨灭的贡献。

想一想 各个电影流派独具特色，又相互吸收继承。你能说说它们之间的继承关系吗？

散文电影《公民凯恩》剧照

电影眼睛派
抓拍生活中最真实的一面

电影眼睛派指成立于1919年底的以维尔托夫为首的苏联纪录电影工作者小组。这个流派否定故事影片，推崇新闻片，认为电影的作用在于如实地记录现实，电影"眼睛"比人的眼睛更为完善。他们所倡导的重要手法之一就是抓拍。实际上，他们通过镜头的选择、剪接等方式赋予了生活素材以特定的含义。这一派的代表作有《前进吧！苏维埃》《电影眼睛》等。

理性电影
克服理性与感性的分离

理性电影是苏联导演爱森斯坦在1927年拍摄影片《十月》时使用的一个术语。他认为，在革命的新时代下，必须加强艺术的认识功能和参与生活的能力，使它成为影响人们思想意识和吸引人们参加革命活动的媒介。爱森斯坦始终在创作中实验着自己的理论，对20年代苏联电影的创作产生了很大影响。

理性电影《波特金号战舰》剧照

散文电影
以散文的结构演绎生活中的戏剧

散文电影是20世纪二三十年代出现在欧洲的艺术流派和电影样式，主张电影向散文学习，代表作有《夏伯阳》等。40年代后的散文电影以《公民凯恩》为典型。这类影片不遵循传统的戏剧结构形式，而是通过多种叙事手段、多侧面多声部的手法，使作品再现生活的本来形态。

先锋派电影
冲破传统的樊篱

先锋派电影是20世纪20年代在法国和德国兴起的一种电影运动。它的重要特点是反对传统叙事结构，强调纯视觉性。该派的代表作有《节奏21》《对角线交响乐》等。作为一次艺术运动，先锋派电影在表演手法、镜头技巧等方面的探索对电影艺术的发展起了一定的推动作用。

新现实主义
抓住生活中的一个片断

　　新现实主义是二战后出现在意大利的重要电影流派。它是反法西斯运动的产物，反映了进步电影工作者致力于民主改革的要求。新现实主义电影以罗西里尼的《罗马，不设防的城市》为开端，此外还有《偷自行车的人》《罗马十一时》等。他们的创作忠实地反映历史的真实和现实生活的真实，对世界电影产生了深刻的影响。

黑色电影
关于死亡的电影

　　黑色电影是二战中在美国"迷惘的一代"中兴起的一个电影流派。黑色影片中，不管剧本情节怎样，在其中转来转去的总是死亡，并且它必然出现在影片的结尾。其情节常常令人作呕，达到的结果总是非死即伤。黑色电影最著名的代表人物是亨弗莱·鲍嘉和劳伦·贝考尔。电影作品有《长眠》《苦恼的港口》等。

《双重保险》剧照
这是一部经典的黑色电影。女主人公芭拉和情人弗雷德合谋杀死其丈夫，只为谋取那份保险金。

新现实主义电影《罗马，不设防的城市》
二战结束不到半年即开拍的《罗马，不设防的城市》，集中反映了德军占领时的情况。

"左岸派"与"新浪潮"
个性化与人的精神

　　"左岸派"是20世纪50年代末法国电影的一个派别，代表人物有阿伦·雷斯内、罗伯·格里耶等，由于他们大多住在巴黎塞纳河左岸而得名。他们反对传统电影的做法，强调电影是一种个人的艺术创作，要突出个性化和人的精神，这一电影观念被称为"新浪潮"。"新浪潮"影片往往以新颖出色的技巧为特征，反而常常使影片主题相形见绌。

左岸派的重要作品《广岛之恋》

真实电影
演绎普通人的生活

　　真实电影是法国纪录电影的一个流派，该派主张电影应表现普通人的生活，记录真实的社会现象。他们常用轻便摄影机到事件发生的地点拍摄。卢什的《一个夏天的故事》被誉为该派的代表作。真实电影故事简单，制作粗糙，1966年以后就逐渐消失。但它的拍片方法却为很多导演所采用。

作者电影
用摄影机来写作

　　作者电影是二战后出现于西方电影界的一种创作主张。它主张电影创作者要像作家一样，用摄影机去写作。认为一部影片的真正作者应是导演，影片要体现导演的个性，导演要像作家一样，通过作品表现他对生活的观点。作者电影的观点对于法国"新浪潮"电影以及各国现代电影都产生了重大影响。

电影艺术家

在漫长的电影发展史上，无数的电影先驱们为电影的发展做出了突出贡献。卓别林以其独特的幽默手法揭露了社会的不公、黑暗；希区柯克开创了新的惊险片领域；斯皮尔伯格以超凡的想象力将20世纪电影推向新的高潮；赫本以其惊人的魅力在电影史上留下美的神话……这些电影人以独特的艺术手法在电影上留下灿烂的一页。

想一想 作为电影导演，应该最注重电影拍摄中的哪些因素？

卓别林
以带泪的笑声揭示生活的本质

查尔斯·卓别林，英国集编剧、导演、演员于一身的电影艺术家。他5岁开始登台表演，1914年从拍摄喜剧短片开始步入影坛。他的首部成功作品是《安乐街》，其后艺术手法日趋成熟。

希区柯克《悬念的背后》海报

从他的第13部影片《雨中灾难》开始，他自编、自导、自演了《淘金记》《摩登时代》《大独裁者》等名作，以幽默的讽刺揭露社会的黑暗。1972年，卓别林获表彰其终身成就的奥斯卡特别奖。

希区柯克
以悬念、惊险打动观众

阿尔弗雷德·希区柯克是英国电影导演。1926年处女作《房客》形成了他的"惊险片"风格。他的《论诈》是英国第一部有声片。他在好莱坞的第一部影片《蝴蝶梦》获1940年奥斯卡金像奖。以后的30年间，他平均每年拍一部片子，创造了悬念片类型的电影。代表作有《爱德华大夫》《美人计》《精神病患者》《电话谋杀案》等。1979年获得美国电影艺术和科学学院的"终身成就奖"，同年受英国女王册封为爵士。

小津安二郎
创作"平凡"的艺术珍品

小津安二郎是日本首屈一指的导演艺术家，他以朴实的电影语言赢得了世界电影人的尊敬。他一生的追求以日本传统的审美方式来描绘日常状态下的普通人。作品特色为：表现家庭生活，节奏舒缓，手法平实，摄影机位固定不动，不使用移拍、摇拍技术，尽量不拍人物侧面等。代表作有《晚春》《麦秋》《东京物语》等。

黑泽明
为男性高唱赞歌

黑泽明是日本最负盛名的导演，黑泽明一生拍摄的31部影片，绝大多数以男性为主人公，表现了男性的世界，讴歌正义与勇敢，赞美坚强与力量。他认为自己内心的情感和理念，如果不借助男性的激烈动作就无法充分表达出来。黑泽明的电影淋漓尽致地描绘了生命之火的猛烈燃烧。

黑泽明的代表作《罗生门》剧照

在《迷情》一片中，蒙尼卡·维蒂是安东尼奥尼最得意的女英雄。

安东尼奥尼
诠释艺术电影的真谛

从拍摄记录片《波河上的人》，米开朗琪罗·安东尼奥尼成了意大利新现实主义的先驱。1960年的《奇遇》以新颖独特的风格和极富现代感的思想内涵为他赢得了世界性声誉；而《红色沙漠》更被誉为电影世界中第一部真正的彩色电影。85岁高龄时还拍摄了《云上的日子》他的影片以探讨现代社会中人与人之间的关系为主题。

伯格曼
奠定瑞典电影的理性精神

英格玛·伯格曼，瑞典著名电影和舞台导演。受家庭影响，伯格曼的影片几乎无一例外地探讨：人的孤独与痛苦、上帝是否存在、生与死和善与恶等问题。他的一系列影片开辟了电影表现的新领域，展示了新的表现手段和手法，对现代电影艺术的发展做出了杰出贡献。20世纪50年代中期，他的两部杰作《第七封印》和《野草莓》开创了"作者电影"、"哲理电影"的先河。

费里尼
意大利艺术电影之巅

作为五次获得奥斯卡金像奖的意大利电影艺术家，费里尼与伯格曼、塔尔科夫斯基并称为世界现代艺术电影的"圣三位一体"。他的创作以1960年为分界线，前期作品多反映下层人民的不幸和被扭曲的心灵，后期作品则转向揭露资产阶级社会的种种丑态。他运用反情节、反戏剧的叙事结构构筑影片，是自成一派的西方现代主义电影大师之一。

费里尼的代表作《甜蜜的生活》剧照

雷斯内
"左岸派"的领军人物

阿仑·雷斯内是位富于探索和创新精神的法国电影大师，是"新浪潮"的领袖之一。他运用画面的时空交错的意识流手法表现出人的潜意识活动。他通过影片抗议种族主义，反对战争。《广岛之恋》是他的第一部长片，标志着电影史上一个新的时代。他早期作品有《凡·高》《夜与雾》等。他在20世纪90年代的许多作品依然是各大电影节的热门，如《吸烟/不吸烟》《人人都唱这支歌》等。

文德斯
"公路片"的杰出导演

维姆·文德斯在世界影坛上拥有举足轻重的地位。凭借自己独具魅力的作品，与法斯宾德、施隆多夫和赫尔措格并称为"德国新电影四杰"，是20世纪70年代"新德国电影运动"的代表人物之一。他受当时美国公路电影的启发和少年时对西部片的喜爱，开始拍摄属于自己的欧洲式的公路电影，并由此奠定了他以后的创作方向。公路片最能充分表现出现代人紧张、不稳定、快节奏的生活。在他的电影作品中，流浪与疏离成为永远的主题。导演之外，维姆·文德斯还是一位取得巨大成就的摄影家，他的每一次摄影作品展都会在世界范围内引起轰动。

摄影技术的发展为电影的出现提供了条件。

法斯宾德执导的《婚事》一片中的镜头

斯皮尔伯格
想象力奇特的票房高手

斯皮尔伯格，美国当代导演。他重视电影特性，善于制造悬念。他共执导过16部影片，其中《侏罗纪公园》《外星人》《大白鲨》《失去的世界》《第三类接触》等是最受观众喜爱的影片，但不为影评家们看重。因为这些影片特技多于所谓沉重的社会意义。尽管斯皮尔伯格拍过《紫色》《太阳帝国》等严肃题材的影片，但大众并不接受。一部《辛德勒的名单》改变了这一切。

梦露
性感天使

玛丽莲·梦露，1926年出生在美国加利福尼亚州。1946年，梦露加入20世纪福克斯公司，正式改名玛丽莲·梦露（原名为诺玛·琼·贝克）。1953年，梦露主演了影片《尼亚加拉》，青春的容颜加上纯真的性感魅力使梦露脱颖而出。此后她又陆续主演了《青春常驻》《巴士站》《七年之痒》等，在电影史上留下神话般的传奇。玛丽莲·梦露不仅是一个电影明星，她的生命造成全球轰动，对于很多人来说，她是永远的记忆。

法斯宾德
"新德国电影"的旗手

法斯宾德，德国电影导演。他一生参加编剧的电影有39部，其中37部为自编自导。处女作《爱比死更冷》在当年的柏林电影节上被认为创造了一种新的电影叙事风格，法斯宾德也因此成为"新德国电影"的旗手。他的代表作还有《外国佬》《阿莫先生为什么跑》《恐惧吞噬灵魂》《中国轮盘赌》等。法斯宾德才华出众，但一生处于矛盾和痛苦之中，病逝时年仅36岁。

邓波
永远的可爱

秀兰·邓波，美国电影演员，1928年生于加利福尼亚州。邓波4岁上银幕，在整个30年代共拍了20多部影片。她带酒窝的笑脸和金色卷发的洋娃娃形象在美国家喻户晓。1934年美国电影艺术与科学学院授予邓波特别奖。她成年后由于影片卖座不佳，于1949年退出影坛，20世纪60年代末投身政界。她的代表作有《明亮的眼睛》《小上校》《海蒂》《小公主》《青鸟》等。

邓波1935年主演《小叛徒》，当时年仅7岁。

梦露在电影《七年之痒》中的经典镜头

马龙·白兰度
好莱坞的常青树

　　桀骜不驯的马龙·白兰度 1944 年开始登上百老汇舞台，1951 年以《欲望号街车》获得声誉。之后他参加拍摄了《码头风云》《教父》《现代启示录》《美国飞车党》等影片。从影的半个世纪，白兰度 7 次获奥斯卡提名，因影片《码头风云》《教父》而两度封帝。且 1972 年获奖与 1954 年《码头风云》获奖相隔 18 年，这更加确立了白兰度在好莱坞史上的长青典范。

李小龙
缔造了武术、表演艺术的双高峰

　　李小龙，香港电影演员。1971 年主演《唐山大兄》获极大成功，后又有《精武门》《猛龙过江》，三部影片连创香港当年最高卖座纪录，而且打进国际市场。他以中国传统武术和爱国主义、个性独特的银幕形像成为国际著名影星。

李小龙

李安
将艺术与商业完美结合

　　李安，台湾国际性电影导演。他曾以《荫凉湖畔》获得台湾金穗奖最佳剧情短片奖。1991 年首次执导剧情长片《推手》，开创"新都市电影"路线。1993 年更以《喜宴》一片夺得德国柏林电影节金熊大奖。此后，他的伦理情节剧的叙事能力为西方电影界所承认，并执导英语电影《理智与情感》。

奥黛丽·赫本
天使的化身

　　奥黛丽·赫本，美国著名电影演员，生于比利时布鲁塞尔。1953 年，赫本因主演《罗马假日》而并获同年奥斯卡最佳女主角奖。

赫本

之后她连续拍摄了《战争与和平》《俏人儿》《窈窕淑女》《丽人行》等数十部影片。她主演的《谜中谜》获英国影艺学院最佳英国女演员奖。她为世界影坛创造了一个清新隽永、纯洁可爱的形象，并由此赢得了全世界影迷的爱戴。

陈凯歌
对生活进行深度思考

　　陈凯歌是一位出身于电影艺术世家的导演，原名陈皑鸽，是我国第五代导演探索影片的典范。他导演的《霸王别姬》《孩子王》等影片在电影语言方面有了新的探索。陈凯歌的作品从不同领域，以不同方式对历史和文化进行反思，具有风格化的视觉形象、寓言化的电影语言和深沉的批判力量。

侯孝贤
以写实手法记录台湾的导演

　　侯孝贤是中国台湾优秀电影编剧、导演。1975 年起从事编剧工作，1980 年首次自编自导了喜剧片《就是溜溜的她》。侯孝贤用写实与创意的新手法记录对土地、社会、百姓的关怀，一系列关注现实的影片在当时引起热烈反响。他执导的影片把台湾电影推上了高峰。

侯孝贤导演的影片《悲情城市》剧照

——其他艺术门类——
书法

书法是以毛笔书写汉字来表达作者精神美的艺术。书法家可借助于精湛的技法、生动的文字造型来表达出其性格、趣味、学识、修养、气质等精神因素。我国的书法艺术有3000多年的历史，历代均有伟大的书法家出现，留下了数量众多的书迹，成为艺术领域里丰富的宝藏。书法在唐朝时影响到日本，日本书法家把对书法的研究称为"书道"。

想一想 书法是通过什么来体现美的？

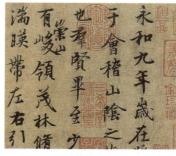

王羲之行书《兰亭序》局部

"二王"
文人书法的第一个高峰

"二王"指东晋书法家王羲之与王献之父子。王羲之字逸少，后人称他为王右军。在书法上，他吸收各家之长，创作出了一种雅俗共赏的流美的风格，使楷、行、草这三种字体基本定型，对后世影响极大，被称为"书圣"。他的作品《兰亭序》被誉为"天下第一行书"。王献之字子敬，后人又称他为王大令。他继承了父亲王羲之的书法艺术，并创造了一种流便的书体，气势开张，英俊爽迈。

碑帖
书法艺术的承载者

碑是古代刻有纪念意义文辞的竖石，如秦始皇登泰山时留下的著名的《泰山刻石》。因为碑用在严肃场合下，所以对于书写的要求也比较高，碑文一般都是由当时的著名书法家来书写。后人把碑上的文字拓在纸上，作为学习书法的范本，就是我们现在所说的拓片。帖是古代书法家的墨迹，多为纸质。因为帖真实地保留了书法家运笔的转折等信息，所以为历代学书者重视。

魏碑
民间书法魅力的集中展现

南北朝时期，民间立碑之风大盛，书写碑文的也多是民间写手，书法上体现出稚拙、雄强的趣味。北朝书法水平以北魏为高，且风格多样，故后人称该时期书法风格为魏碑，开隋唐楷法先河。清中期，魏碑再次被推崇，进而形成清中后期的书法主流。

图为唐书法家褚遂良楷书碑《伊阙佛龛碑》片断。

初唐四家
楷书的开拓者

初唐四家指欧阳询、虞世南、褚遂良、薛稷四人，他们都以楷书为主要艺术成就。欧阳询的楷书被后人称为"欧体"，法度森严，讲究险中求稳，对后世影响极大。虞世南的字格调温文尔雅，含蓄内敛，被称为"虞体"。褚遂良书法婉畅多姿，用笔变化丰富，自成一家。薛稷的成就较小，书法风格瘦硬。

颠张醉素
狂草的代表书家

"颠张醉素"指唐代书法家张旭与怀素，因二人性格不羁、行为颠放，故称。他们的主要成就是草书，而尤以狂草为人称道。比较来说，张旭的草书稍肥，怀素的草书偏瘦；张旭草书变化多端，怀素草书狂怪无绪。他们共同代表了狂草艺术的最高成就。

颜真卿的书法（左）与柳公权的书法（右）

颜筋柳骨
后世楷则

"颜筋柳骨"是后人形容唐代书法家颜真卿与柳公权的书法风格的。颜真卿是中唐时期的书法创新代表人物，楷书端庄雄伟，气势开张。既有以往书风中的气韵法度，又不为古法所束缚，突破了唐初的既有成规，自成一家，称为"颜体"。柳公权的楷书吸取欧阳询、颜真卿等人的长处，瘦劲清健，被称为"柳体"。这两种书体与欧体都是后世学书者的入门必临范本。

苏、黄、米、蔡
代表宋代书法最高成就的书家

在书法史上，苏轼、黄庭坚、米芾、蔡襄被称为"宋四家"。苏轼的字笔画丰腴饱满，自成一格。黄庭坚的主要成就在行书和草书上，他的字气势磅礴，笔画有飞动之势。米芾的行书以沉着醋畅为人称道。蔡襄的书法以功底深厚著称，更多地借鉴了前人成就。他们四人代表了宋代书法的最高成就，对宋代及后世书坛都产生了极大影响。

永字八法

"永字八法"是指汉字中的八种基本笔画，分别是点、横、竖、勾、提、撇、短撇、捺，这八种笔画包含了众多用笔技巧。在古代，"永字八法"被认为是学书入门的第一课。

永字八法

点

短撇
短撇要有鸟啄树般的力道和气势。

短横
短横要短而有力。

捺
捺画要求缓而有力。

提
提画的要点是需轻抬而进，轻捷而不失厚重。

竖
竖画不宜过直，否则无力。

撇
撇画要求快而准，出笔干净利落。

勾
勾画要求顿笔勾出，不显轻浮。

字体

篆书
篆书的线条匀整，行笔圆转，字形修长，结构上密下疏，呈现出庄严美丽的风格。这种在力度、速度都很匀平的运笔，给人以纯净简约的美感。

隶书
相对于篆书，隶书趋向简化，字形变圆为扁方，笔画改曲为直。隶书盛行于汉朝，是当时的主要书体。横画与捺画尾部的波磔是隶书的重要特点之一；字距宽、行距窄也是隶书章法上的一大特点。

草书
草书是为书写便捷而产生的一种书体。草书按照一定规律将字的点画连接，结构简省，偏旁假借，并不是随心所欲地乱写。在历史上，曾出现过章草、今草、狂草(大草)等种类。

楷书
楷书也叫正楷、真书、正书，从隶书演变而来。楷书规矩整齐，横平竖直，易识易写，一直沿用至今。因其法度严谨，历来被视为书法的入门字体。

作於謀

行书
行书介于楷书与草书之间，既能简易快速书写又比较通俗易懂，是一种实用性很强的书体。行书的最大特点是用连笔和省笔，较多地保留了楷书的可识性结构。行书中带有楷书或接近于楷书的叫"行楷"，带有草书或接近于草书的叫"行草"。

篆刻

· 像艺术家一样思考 ·

篆刻与书法一样，是我国特有的艺术形式，在古代主要用作凭证和行使职权的工具。在源远流长的篆刻发展史上，曾经先后出现过两次高潮，一次在秦汉时期，另一次是在明清时期。秦汉时期的篆刻具有博大精深、气象万千的艺术风貌，这种崇高的、近乎完美的艺术境界，成为后人仰望学习、鉴赏赞叹的典范。明清时期，石质印章出现，这一时期名家竞起，流派争衡，印谱汇辑、印学理论更是推波助澜，迎来印章发展史上的第二次高潮。

想一想 石质印章的出现对篆刻艺术有什么影响？

印章
古代人们的信物

印是古代人们作为凭信的一种刻有文字、图案的信物，又叫印信、玺等。秦始皇统一中国后，规定只有皇帝的印章才能称"玺"，一般官吏和百姓的印章只能称"印"。在封建社会中历代王朝沿袭这一制度。元代又把印章称为"押"，有人在印章上刻花押（画一个符号，使别人难以摹仿）来代替姓名。

清·董洵"千里云山一寸心"印

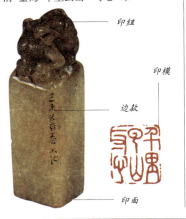

印纽

印槽

边款

印面

封泥
古代公私简牍信验的凭证

封泥亦称"泥封"。中国古代公私简牍大都写在竹简、木札上，封发时用绳捆缚，在绳端或交结处加以检查，封以黏土，在土块上盖印章，称为封泥，作为信验，以防私拆。封泥上的印记成为后世篆刻家学习的范本。以后纸帛盛行，封泥之制渐渐废除。封泥制主要盛行于秦汉与魏晋时代。

西泠印社

清光绪三十年（1904年），丁仁、王褆、叶铭、吴隐四人在浙江创立印社，1913年定名为西泠印社。西泠印社是中国研究金石篆刻的学术团体。以"保存金石，研究印学"为宗旨，经百年传承，在国际印学界享有崇高的学术地位，被誉为"天下第一社"。

印石
篆刻艺术的载体

用石质材料进行篆刻始于元代末期，盛于明清。在此之前，印章一般是用金属铸造，大大地限制了篆刻的艺术自由。印石的种类有青田石、寿山石、昌化石等，有的昌化石因红如血斑，很像凝冻的鸡血块，俗称"鸡血石"，是昌化石中的名贵品种。上述石材软硬适中，便于用刀刻出理想的线条，使得篆刻真正成为了一种艺术。

形形色色的印石

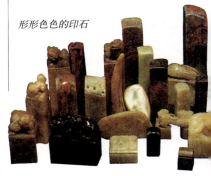

白文印
体现阳刚的一路风格

白文也称"阴文"，是在印章上镌刻出凹状的文字，因阴文印章钤盖在白纸上，即呈红底白字，故称为白文。汉魏印章多为白文。白文印的印文笔画逼近边缘，转折处不可一味的方也不可一味的圆，以达到天然的趣味和古朴的艺术效果。白文印的艺术风格一般为平正方直、庄重壮健、雄浑古拙。

朱文印
强调线条美的篆刻形式

朱文也叫"阳文"，是在印章上镌刻出凸起的文字，因阳文印章钤盖在白纸上即呈白底红字，故称为朱文。与白文印相反，朱文印的印文笔画不能太靠近边缘，要以字间笔画的疏密来处理与边缘的距离；朱文印字宜细，不能太粗，粗则显得俗气；边栏应该比印文笔画细，否则会喧宾夺主。朱文印的艺术风格清雅，线条流利婉畅，常以小篆入印。

闲章
随意性强的印章

印章依其作用可分为信印和闲章两种。闲章是指斋馆印、收藏印、肖形印、吉语印等。如宋代就有人刻某某图书字样的印章，盖在自己所藏的图书上，以示所有。当人们普遍使用时，就把一般印章叫"图章"了。现在我们把印章也称为"图章"，这个名词就是由此来的。闲章的形式比较自由，多数为不规则的椭圆形。

何震
文人篆刻艺术的开山者

何震是明代篆刻家。他与文彭（明代另一位篆刻家）鉴于明初篆刻的芜杂，力图变革篆刻风气。何震初期的篆刻受文彭影响很大，他又广搜秦汉玺、印进行参考研究，吸取其中的各种法度气韵。何震遍游边塞，结识不少有识之士，在篆刻上博取众长，独创一格。何震的篆刻成就在于创新，能"法古而不泥古"，一变当时篆刻风貌，异军突起，称雄印坛，成为徽派的开创者，后继者有苏宣、朱简等十数人。著有《续学古编》。

邓石如
皖派篆刻的创始人

邓石如是清代书法家、篆刻家。原名琰，字石如，号完白山人。由于他书法基础雄厚，诸体之中又最擅长篆书，所以在他的篆刻作品中，各种篆体都显得精神饱满。加以刀法苍劲浑朴、婀娜多姿，这使得他的篆刻成就更为突出。邓石如的篆刻世称"邓派"，因他是安徽人，故也称"皖派"。晚清著名篆刻家吴熙载、赵之谦、吴昌硕等均受其影响。

赵之谦
取法汉魏的篆刻家

赵之谦是清末篆刻家、书画家，擅长书法。篆刻初学浙、皖两派，后吸收古钱币、镜铭和碑版文字等入印，章法讲究，古劲浑厚，闲静遒丽，别创新路。他在印侧刻画像，这在当时是个创造。赵之谦的篆刻蕴含着汉代篆隶的朴厚与魏碑的雄强风格，他的一方印"汉末隋前有此人"也说明他是取法汉魏的。由于赵之谦在篆刻上有着独特的艺术成就，后人有不少追摹者，逐渐形成一个流派——赵派。

赵之谦"以勤补拙"印边款文字为"癸亥十月灯下作此，悲庵"。

刻印的步骤

1. 打稿：即印面文字的布局，这是奠定作品基础风貌的一步。

2. 上石：通常上石有两种方法，一为直接用毛笔把印文反写在印面；一为先写在纸上，再反拓上石。

3. 刻制与修整：依据印文选用合适的刀法来刻制。

4. 边款：刻印之后，在印章左边刻上作者字号、刻制年月等，也有不刻边款的。

5. 钤印：将蘸好印泥的印章放在纸上，适力揉压，以保证边角处也钤在纸上。

摄影

· 像艺术家一样思考 ·

摄影是一项富有创造力的艺术活动，它是科学与艺术的结合。作为一种艺术，摄影特别注重光、影、色彩、色调、构图等重要的表现因素。摄影有着与生俱来的纪实功能，在这一点上其他艺术形式是无法比拟的。许多摄影作品起初还看不出什么价值，但后来都成为了解当时社会状况的第一手资料。

想一想 为什么说摄影有着其他艺术不可比拟的纪实功能？

黑白摄影

用黑白体现简约风格

黑白摄影是只以黑、白、灰三种色调再现自然和生活图景的摄影，黑与白、光与影，以及点、线、面是它的重要艺术元素。拍摄者运用黑白结构对比关系所造成的各种效果，表现被摄体的形态、质感、气氛等。黑白摄影作品容易产生特殊的年代感，在表现人的心理感受方面可以产生特殊的观赏效果和感情效果。黑白摄影以其简约的艺术风格受到人们喜爱。

彩色摄影

色彩缤纷的世界

彩色摄影是运用光线、色彩手段再现自然和生活图景的摄影，它的出现丰富了摄影语言。色彩感觉作为一般美感中最大众化的形式，首先要求彩色摄影具有再现现实色彩的准确性；还要求对色彩有创造性表现，包括对色彩的各种主观表现。彩色摄影对生活真实性的追求不是唯一目的和标准，在某些时候，它更注重用来体现摄影家对世界的思考。

影调

摄影作品的情感所在

影调是黑白摄影的术语，指照片的黑白对比度，在彩色照片上的表现为色调。影调分高调、低调、中间调（灰色调）三种。高调给人以鲜明、洁净之感，低调则给人以深沉之感。低调的作品有时让人感到坚毅、稳定、沉着，有时又会让人觉得黑暗、沉重，它伴随着作品主题内容的变化，显示着各自不同的面目。中间调介于高调与低调之间，性格特征不很明显，但画面层次丰富、细腻，往往随着画面的形象、动势、光线的不同而呈现不同的感情色彩。

高调的作品

低调的作品

黑白摄影作品

三角形的构图形式。与水平线平齐的视角、鲜红的主体颜色与浅色的背景的对比，小猫的颜色对整个画面的调节等等，这些都是构图时需要考虑的。

构图

把凌乱的现实整理在一个画面里

构图即"画面"安排，是拍摄作品的第一步。它是从自然存在的混乱事物中找出秩序和重点，将对象有机地组织安排到画面里，使主题思想得到充分、完满的表现。摄影构图一般要考虑主体、陪体、前景、背景四个方面的关系和各自占据画面的位置。主体是画面的中心，是画面表达的主要内容和主要对象，因而需要突出出来。

线条

表达秩序的摄影元素

线条在摄影中起着丰富作品内涵的作用，正确地利用线条会使作品内容井然有序、主题突出。在一幅摄影作品中，线条好比骨架，色彩好比肌肤，缺一不可。线条有曲直、粗细、疏密、远近、高低、长短、主次、虚实等要素，在一些以线条为主要手段的作品中，它可以独立支撑起整个艺术风格。

色彩

调动情绪的摄影手段

以不同方式来调和色彩或使色彩抵触来达到理想的艺术效果，是彩色摄影的重要表现手段。色彩关系到情绪，也影响着观者对物体和情境的反应。主题色彩对气氛的影响有着决定性的作用。无论是贯穿主题的主要色彩，还是由许多不同色彩群构成的协调或不协调色彩，都可以使观者产生心理上的影响。

暖色调的运用使这幅静物作品具有扩张人的情绪的作用。

光线

摄影艺术的"画笔"

光线是摄影艺术造型的主要手段之一。摄影作品往往根据光的方向、强弱、面积等来体现作品的主题，表达作者与被摄主体的思想感情。可以说光线是摄影艺术的"画笔"，如何用光会直接影响到摄影作品的艺术效果。摄影光源分自然光和人工光两类，从光源发光的情况来说有直射光和反射光；从发光的角度来说有顺光、逆光、顶光、脚光等。

光线方向的效果

侧光

侧光会强烈地透露出空间主体的深度。在利用侧光的摄影作品中，细部的信息不如正面光多。在全景摄影中，侧光的主要作用就是表现物体的纵深感。在低调或特写作品中，侧光的运用会突出被摄主体，取得正面光无法达到的视觉效果。

逆光

当光线大部分来自于主体的后方，阴影会向摄影者的方向形成。假如整个背景十分明亮，前景中不透光的物体轮廓会十分明显，没有细部，成为剪影或近似剪影的效果。

正面光

光线直接从摄影者的前方照射即是正面光，这时阴影会落在主体的后方。正面光会使物体表面明亮，透露出最多的主体信息。

视点

视点是摄影构图中最重要的元素，它是突出摄影主体的一个常用手段。除了正常视点外，视点还有高角度视点(俯摄)、低角度视点(仰摄)的区别。高角度的视点可以拍出空旷的或较大的场面；低角度视点的作品会给人以压迫感或突出主体的高大形象。

静物摄影作品

风光摄影
追求意境的摄影形式

　　风光摄影以名山大川、农村田野、风土人情、城市风貌、古迹建设等风景为主要拍摄对象。它要求作品情景交融、寓意深刻、画面优美、色彩丰富、生动逼真、令人向往。中国的风光摄影由于有丰富的民族文化艺术的滋养，特别是受传统山水画的影响，具有以情写景，追求意境的特点，它虽是纪实的，但更侧重于表达感情。

风光摄影作品

静物摄影
在静止中发掘内涵

　　静物摄影区别于其他摄影的最大特点是，它所表现的东西都是静止的东西。诸如工艺品、日用品、食品，等等。这些拍摄对象不仅是静止的，而且体积较小、造型优美。静物摄影区别于其他摄影的又一个显著特点是，不必进行匆忙的现场拍摄，可以根据作者的创作意图进行摆布、导演，然后再进行拍摄。静物摄影要求精心构图，进行对静物布置的再创造，也要意境深远，趣味盎然，生动感人，使人从中领略人类的智慧和伟大的创造力。

人像摄影
追求形神兼备的摄影效果

　　人像摄影是以人物为主要拍摄对象的摄影艺术。它要求准确地捕捉所摄人物的外貌特征，努力刻画人物的内心世界，做到形神兼备。人像摄影既是人物的影像又是关于人物的故事，人像摄影师们在拍下人物外形特征的同时，也拍下了人物的性格特征。通常的人像摄影有全身、半身、近景和特写几种。

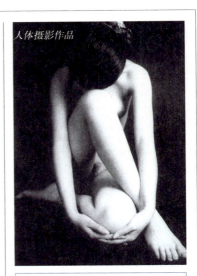

人体摄影作品

人体摄影

　　人体摄影是人像摄影中的一大类别，它以裸体的人为拍摄对象，注重表现人体的曲线美。裸体通常被认为是摄影中最难拍好的主题。裸体有很多种拍摄方式，从完全具体到抽象、从浪漫到深沉。可以将拍摄对象转变成新的形式，或是成为视觉的幻想，或是将身体的小部分独立出来。用这种方法拍摄的人的背部、肩膀、手部和侧面等都可以呈现出特殊的效果。

人像摄影作品

动物摄影作品

动物摄影
需要耐心的摄影形式

动物摄影也是摄影艺术的主要门类，其拍摄的对象是各种动物。由于大部分的动物无法摆姿势，所以拍好动物需要很大的耐心。动物摄影很多时候需要到野外拍摄。拍野生动物时，通常不太可能接近主题，因此往往要使用中到长焦距的望远镜头。动物的行为往往发生在一瞬间，所以为了拍好动物照片，还应了解一些有关动物习性的知识，以便抓取拍摄时机。拍摄动物要注意环境背景的选择和气氛的真实。

新闻摄影
最重视抓拍的摄影形式

新闻照片，是新闻事件适合用摄影表现手法记录和传播的可视形象。新闻摄影要注重新闻性、时效性。新闻摄影受许多客观因素的制约，如新闻事件主体位置的不确定、现场光源的不足、拍摄角度的不自由等，而克服这些先天的拍摄缺陷取决于抓拍的技巧。而在抓拍的过程中，还要完成构图等任务。

广告摄影
实用第一的摄影形式

广告摄影是借助摄影特征和摄影艺术语言进行商品宣传的一种摄影体裁，属于实用艺术的范畴。评价一幅广告摄影作品的成功与否，主要是看它对于消费者或其他广告对象影响力的大小，但广告摄影师奇特的创意和精湛的技术技巧也是不可忽视的。

创意摄影
用抽象的画面表现世界

创意摄影是一种偏向于理想化的摄影形式，与其他摄影形式比较，它更注重新奇的创意构思，更多地利用光影等艺术手段和各种技术手段。创意摄影较偏向于抽象化，与现代派的绘画有异曲同工之妙。这种摄影作品更多地体现了人与世界的关系。

创意摄影作品

体育摄影
强烈地渲染动感

体育摄影是用于记录和传达运动精彩瞬间的摄影艺术。要想拍出成功的体育照片，就必须了解比赛的过程和规则。拍摄者只有知道即将发生什么，才能注意到动作的高潮和抓住最佳的时刻，比如跳跃的最高点、起跑的一刹那或是运动员脸上流露出的胜利表情。把主题的动作稍微模糊掉，或是随主题移动让背景模糊，可以传达出惊奇的感觉和比赛的气氛。

体育摄影作品

社会生活摄影
时代的诠释者

社会生活摄影把人与人、人与环境以及社会中的各种事件作为摄取的对象。它要求反映生活的真实，反映人们的精神面貌，要有浓郁的生活气息。更有甚者，社会生活摄影干脆以真实的生活来讲述故事，以此表现一个时代某一方面的变迁。由于它的纪实性，社会生活摄影往往成为一个时代的诠释。

权威专家推荐中学生必读知识大百科（最新版）

站在世界前沿，与各国青少年同步成长

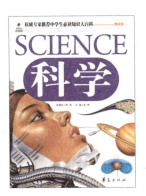

科学
充分展示自然科学的种种魅力
160 页　定价：22.80 元

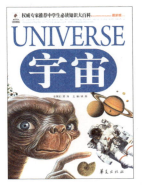

宇宙
层层揭示太阳系、外太阳系
以及整个宇宙的奥秘
160 页　定价：22.80 元

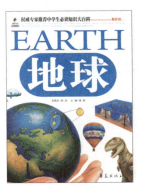

地球
全面介绍我们生存的星球
160 页　定价：22.80 元

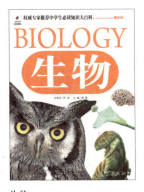

生物
生动解释微生物学、动物学、
植物学、生态学
160 页　定价：22.80 元

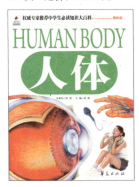

人体
彻底揭秘我们奇妙的身体
160 页　定价：22.80 元

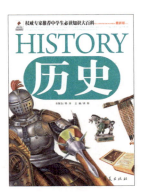

历史
生动介绍人类社会发展历程
160 页　定价：22.80 元

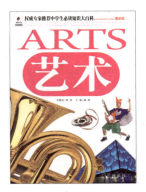

艺术
系统介绍各大艺术门类特点
160 页　定价：22.80 元

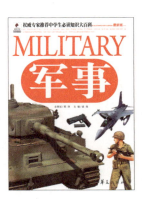

军事
系统介绍武器装备、作战方
式等军事知识
160 页　定价：22.80 元